201 TURKISH VERBS

FULLY CONJUGATED
IN ALL THE TENSES

Talat Sait Halman

Turkey's Ambassador for Cultural Affairs
and former Minister of Culture

Formerly of Princeton University,
New York University, and Columbia University

D0130205

BARRON'S

EDUCATIONAL SERIES, INC.

All inquiries should be addressed to:
Barron's Educational Series, Inc.
250 Wireless Boulevard
Hauppauge, NY 11788
http://www.barronseduc.com

Library of Congress Catalog Card No. 80-27006

ISBN-13: 978-0-8120-2034-2
ISBN-10: 0-8120-2034-0

PRINTED IN CHINA
19 18 17 16 15 14 13

Table of Contents

Preface   iv

Foreword: The Turkish Language   v

Introduction: The Turkish Verb Observed   ix

201 Verbs Conjugated in All the Tenses   1

Conjugation of Negative and Interrogative Forms   202

Compounds and Auxiliary Verbs   208

Permutations of the Past Tenses   231

Conditional Forms   237

Turkish-English Verb Index   241

English-Turkish Verb Index   249

Designed essentially as a list of conjugations, this book offers to the student of Turkish 201 verbs conjugated in all the tenses. It includes several hundred auxiliary and compound verbs which follow the same pattern of conjugation. Consequently, the vast majority of Turkish verbs may be found in this volume.

The introductory section provides some basic information about the Turkish language in general and about Turkish verbs in particular.

The selection of the verbs has been made on the basis of lists published in the United States, Turkey, France, and England. It also reflects my teaching experience of many years at Columbia University, New York University, Princeton University, and other universities.

For students who may want to do further work, I would like to recommend Teach Yourself Turkish by G. L. Lewis, Turkish Grammar by Robert Underhill, and Elementary Turkish by Lewis V. Thomas and Norman Itzkowitz. As a reference grammar, Turkish Grammar by Geoffrey L. Lewis is excellent. Yusuf Mardin's Colloquial Turkish is also a very good all-around textbook. Useful information may be found in Hikmet Sebüktekin's Turkish-English Contrastive Analysis, Lloyd B. Swift's A Reference Grammar of Modern Turkish, and Robert B. Lees' A Phonology of Modern Standard Turkish.

F o r e w o r d :

The Turkish Language

Turkish - - one of the oldest functional languages - - is spoken by about a hundred million people living in the Republic of Turkey, the Soviet Union, China, parts of the Middle East and the Balkans, and elsewhere. It belongs to the Turkic branch of the Altaic family of languages.

Among its basic features, the following stand out:

1. It is an agglutinative language based on an elaborate system of suffixation which occurs commonly not only in noun-formation but also in the conjugation of verbs. For example, the single construct "Anlatamayacağım." is a complete sentence meaning "I shall not be able to explain."

2. It conforms to the rule of vowel harmony. Its two categories of vowels - - front vowels: e, i, ö, ü - - back vowels: a, ı, o, u - - normally function within their own respective groups. They seldom intermingle in independent words and in constructs, a phenomenon that occurs mainly in words borrowed from other languages. "Ev" (house, home) takes the suffix -im (with the front vowel i) in its possessive form meaning "my house", but "baş" (head) takes -ım (with the back vowel ı) for "my head". Yet, "hal", an Arabic word, takes -im for the possessive "my condition" and thus violates the rule

of vowel harmony. The rule applies to the vast majority
of conjugations. Major exceptions are as follows: In
the present progressive, front-vowel infinitives take
the invariable back-vowel suffix -yor as do all the
back-vowel infinitives ("Geçiyor" and "Bakıyor";
"Gülüyor" and "Okuyor", etc.), and in constructs
expressing affirmative ability (to be able to), the
back-vowel infinitives take the invariable front-vowel
suffix -bil as do all the front-vowel infinitives
("Bakabiliyor", "Geçebiliyor", "Okuyabiliyor",
"Gülebiliyor", etc.)

3. It has no grammatical gender. Pronouns
and conjugations make no differentiation between he,
she, or it. Only a few words borrowed from the Arabic
have masculine or feminine references ("kâtip" meaning
male secretary or clerk, "kâtibe" meaning female
secretary or clerk).

4. Its basic sentence structure consists
of Subject - Object - Predicate. Particularly in
casual conversation, frequent deviations from this
structure occur. Since predicates clearly indicate
their subject pronouns, many sentences start without
an expressed pronoun.

Compared with other languages, Turkish
grammar has few irregularities. Most of its parts of
speech are logical, orderly and regular. This is
particularly true of the basic patterns of verb
conjugations.

The Alphabet

The earliest types of script used by the
Turks were the Köktürk (Göktürk) and the Uighur. The
Arabic script was adopted after conversion to Islam about
a thousand years ago. In 1928 the Turkish Republic decided to
employ the Latin script. The new Turkish alphabet was designed
with the objective, among other purposes, of achieving the
maximum degree of concordance between the written
script and pronunciation.

The Turkish alphabet has 29 letters. Six
of them (ç, ğ, ı, ö, ş, ü) do not occur in English.
Turkish employs q, w, x in some foreign names and words.

Please observe that there is an undotted
ı (its capital I) as well as a dotted i (its capital İ).

The letter ğ (referred to as "yumuşak g"
meaning "soft g") serves as a link and tends to make a
preceding vowel longer. No word starts with this letter.

Some of the long vowels occurring in words
borrowed from Arabic and Persian are indicated (although
not consistently) by a circumflex: â, î (longer form of
i), and û. These have their capital forms as well: Â,
Î, Û. The circumflex in some borrowed words indicates
that an adjacent g, k, or l is pronounced as a soft or
front consonant.

The full Turkish alphabet, consisting of
eight vowels and twenty-one consonants, appears on the
following page. Approximate English pronunciations are
also provided.

a	A	(like "gun")	â	(like "are")
b	B	(as in English)		
c	C	(like "jade")		
ç	Ç	(ch of "chin")		
d	D	(as in English)		
e	E	(like "pen")		
f	F	(as in English)		
g	G	(g of good)		
ğ	Ğ	(a phonemic link; makes a preceding vowel longer)		
ı	I	(like the second vowel of "portable")		
i	İ	(like "it")	î	(like "eat")
j	J	(like "measure")		
k	K	(like "come" or "king")		
l	L	(like "look" or "listen")		
m	M	(as in English)		
n	N	(as in English)		
o	O	(like eau in French)		
ö	Ö	(like "bird" or French deux)		
p	P	(as in English)		
r	R	(r of "rust")		
s	S	(s of "sun")		
ş	Ş	(sh of "shine")		
t	T	(as in English)		
u	U	(like "pull")	û	(like "pool")
ü	Ü	(like tu in French)		
v	V	(as in English)		
y	Y	(y of "you")		
z	Z	(as in English)		

Introduction:

The Turkish Verb Observed

Turkish verbs are remarkably regular in their conjugation. With the exception of the copula 'to be' - - sometimes referred to as the only "defective verb" - - all verbs, including the auxiliaries, compounds, and extended forms, conform to the same basic patterns of conjugation which have virtually no irregularities.

In addition to their intrinsic functions, the Turkish verbs serve as the basis of a large number of nouns, adjectives, adverbials, gerunds, participles, etc.

Infinitives: consist of two elements - - the root and the ending. For example, "bilmek" (to know) is composed of the root "bil-" and the ending "mek"; "bakmak" (to look) consists of "bak-" (its root) and "mak" (its ending). In the simplest terms, the syllable or syllables preceding the infinitive ending "-mek" or "-mak" may be defined as the infinitive root.

The roots are mostly monosyllabic or duosyllabic, i.e., "almak" (to take, get, buy) has a single syllable "al-" as its root whereas "öğrenmek" has the two-syllable "öğren-".

Since Turkish is an agglutinative language, a variety of suffixes (causative, reflexive, passive, ability, etc.) may be added to the infinitive roots. This process yields extended roots which are polysyllabic. Some of these can be quite elaborate in structure and meaning. For instance, the root "dön-" may take on the causative "-dür", the passive "-ül", and the two ability particles "-e" and "-bil", giving us the enlarged infinitive "döndürülebilmek". "Dönmek" means "to turn, return, spin, rotate, revolve" and "döndürülebilmek" signifies "to be able to be made to turn or return, etc."

Regardless of how short or elaborate an infinitive might be, the conjugation is invariably made on the basis of the infinitive root plus the verbal elements and the personal endings for each tense. Take "açmak" (to open), for instance: To the root "aç-", add the two particles "-ı" and "yor" which signify the present progressive and "-um" which indicates the first person singular. You get thereby the construct "açıyorum" which means "I am opening." - - a full grammatical sentence in itself.

Normally, infinitive roots undergo no change within themselves aside from suffixes they may take on. The two major exceptions are the common infinitives "etmek" (to do), the most dominant auxiliary verb, and "gitmek" (to go). These two, and just a few minor infinitives whose roots end in the letter t, have the t converted into a d when the verbal particle they take on starts with a vowel. The root "git-", for instance, becomes "gid-" when, in the future tense, the particle "-ecek" is added to it: "Gidecek" (not "Gitecek") meaning "He will go."

Pronouns: are expressed in the personal endings of the conjugations in all tenses and consequently may be considered superfluous as independent words in most sentences. As subjects, they are used mainly for purposes of clarification or emphasis or contrast. When no such specific functions are necessary, the Turkish sentence lets the pronoun implication of the predicate indicate the agent of action. "Koşuyorum" means, in and of itself, "I am running." "Ben koşuyorum", with the pronoun expressed, implies essentially "I am running" or "It is I who is running" or "I am running, but not other people."

The personal pronouns are:

Ben	-	I
Sen	-	You (Singular and Familiar, like French tu or German du)
O	-	He, She, It

Biz	-	We
Siz	-	You (Plural or Polite Singular, like French _vous_ or German _Sie_)
Onlar	-	They

Note: The use of the third person plural "onlar" with or without the plural suffix "-lar" or "-ler" in the conjugations is a complex phenomenon. The student is advised to gain a basic understanding of this matter by consulting a reference grammar, preferably <u>Turkish</u> <u>Grammar</u> by Geoffrey L. Lewis. In the conjugations of the 201 verbs here, the possibility of omissions has been indicated by means of parentheses around the expendable syllables.

<u>Terminology:</u> poses some basic problems. In many cases, the English tenses are "moods" or "verbal modes" in Turkish. The use of the terms relating to the Turkish verbs in books available in English and in Turkish shows a great deal of variation and inconsistency. The mood or tense presented as the "Indefinite Past" in the present book, for instance, appears as the "Narrative Past" or the "Dubitative" or the "Distant Past" in different books in English. The Turkish term, recognizing the impossibility of expressing all of the meanings and functions of this verbal mode, presents it in terms of its basic suffix "-miş" - - "Mişli Geçmiş", literally the "Miş Past" or the "Past with the miş in it".

The nine terms employed in this book - - Aorist/Present, Present Progressive, Future, Definite Past, Indefinite Past, Necessity, Optative: Subjunctive, Conditional, Imperative - - are, in most cases, compromises which take into account their most frequent occurrences in Turkish grammars published in English.

<u>Auxiliary</u> <u>and</u> <u>Compound</u> <u>Verbs:</u> are conjugated in exactly the same way as are the basic verbs. For these - - which constitute a large category - - please see the section that immediately follows the 201 verbs and the "Conjugation of Negative and Interrogative Forms".

The Verb "To Be" / Copula: is expressed only in terms of suffixes. It is sometimes referred to as the single "defective verb" in Turkish, because it has no infinitive form - - although there is the infinitive "olmak" which is less "to be" than "to become, exist, evolve, ripen, etc."

The suffixes of the copula are subject to the rule of vowel harmony, which means that their vowels can be one of the following four: ı, i, u, ü. In the first person singular and first person plural, when the suffix is added to a word ending in a vowel, the buffer letter y is inserted. In the third person singular and third person plural, when the suffix -dır or its variations are attached to words ending in the unvoiced consonants - ç, f, h, k, p, s, ş, t - the initial d of -dır must be converted into a t.

The following conjugations indicate the above-mentioned variations:

Present Tense: "I am blond," etc.   "Sarışın" (adjective or noun meaning blond or blonde)

Sarışınım	Sarışınız
Sarışınsın	Sarışınsınız
Sarışın(dır)	Sarışın(dır)(lar)

"You are well," etc.   "İyi" (adjective, noun or adverb meaning good or well)

İyiyim	İyiyiz
İyisin	İyisiniz
İyi(dir)	İyi(dir)(ler)

"He is hungry," etc.   "Aç" (adjective or noun meaning "hungry")

Açım	Açız
Açsın	Açsınız
Aç(tır)	Aç(tır)(lar)

Note: There are other types of variations in the terminal consonants for which the student should consult a reference grammar or textbook.

<u>Notes:</u>

1. In various conjugations, the letter y tends to
narrow the preceding a into ı or the preceding e into
i. For example, the first person singular of anlamak
in the present progressive is anlıyorum and of beklemek
is bekliyorum - a mandatory conversion of a into ı and
e into i before y. In some tenses, i.e., the future
y may be preceded by a or ı, as in anlayacağım
(anlıyacağım) and by e or i, as in bekliyeceğim. Both
spellings are correct and commonly used. In the optative
(subjunctive), anlayayım and anlıyayım or bekleyeyim
and bekliyeyim are both correct spellings.

2. In the necessity, the particle "-dır" or its
variations are sometimes added to the third person
singular and plural. The particle usually makes the
necessity more formal.

3. In the imperative, the second person plural has
two versions. For instance, anlayın signifies either
an order given to two or more persons or a fairly polite
request to one person. The extended version anlayınız
implies a polite order given to two or more persons or a
very polite request to one person.

to feel hungry

Aorist/Present: acıkırım, acıkırsın, acıkır
acıkırız, acıkırsınız, acıkırlar

Present Progressive: acıkıyorum, acıkıyorsun, acıkıyor
acıkıyoruz, acıkıyorsunuz, acıkıyorlar

Future: acıkacağım, acıkacaksın, acıkacak
acıkacağız, acıkacaksınız, acıkacaklar

Definite Past: acıktım, acıktın, acıktı
acıktık, acıktınız, acıktılar

Indefinite Past: acıkmışım, acıkmışsın, acıkmış
acıkmışız, acıkmışsınız, acıkmışlar

Necessity: acıkmalıyım, acıkmalısın, acıkmalı(dır)
acıkmalıyız, acıkmalısınız, acıkmalı(dır)lar

Optative: acıkayım, acıkasın, acıka
(Subjunctive) acıkalım, acıkasınız, acıkalar

Conditional: acıksam, acıksan, acıksa
acıksak, acıksanız, acıksalar

Imperative: acık, acıksın
acıkın (acıkınız), acıksınlar

1

to pity, to feel compassion,
to have pain

Aorist/Present: acırım, acırsın, acır
acırız, acırsınız, acırlar

Present Progressive: acıyorum, acıyorsun, acıyor
acıyoruz, acıyorsunuz, acıyorlar

Future: acıyacağım, acıyacaksın, acıyacak
acıyacağız, acıyacaksınız, acıyacaklar

Definite Past: acıdım, acıdın, acıdı
acıdık, acıdınız, acıdılar

Indefinite Past: acımışım, acımışsın, acımış
acımışız, acımışsınız, acımışlar

Necessity: acımalıyım, acımalısın, acımalı(dır)
acımalıyız, acımalısınız, acımalı(dır)lar

Optative:
(Subjunctive) acıyayım, acıyasın, acıya
acıyalım, acıyasınız, acıyalar

Conditional: acısam, acısan, acısa
acısak, acısanız, acısalar

Imperative: acı, acısın
acıyın (acıyınız), acısınlar

2

to open

Aorist/Present:	açarım, açarsın, açar açarız, açarsınız, açarlar
Present Progressive:	açıyorum, açıyorsun, açıyor açıyoruz, açıyorsunuz, açıyorlar
Future:	açacağım, açacaksın, açacak açacağız, açacaksınız, açacaklar
Definite Past:	açtım, açtın, açtı açtık, açtınız, açtılar
Indefinite Past:	açmışım, açmışsın, açmış açmışız, açmışsınız, açmışlar
Necessity:	açmalıyım, açmalısın, açmalı(dır) açmalıyız, açmalısınız, açmalı(dır)lar
Optative: *(Subjunctive)*	açayım, açasın, aça açalım, açasınız, açalar
Conditional:	açsam, açsan, açsa açsak, açsanız, açsalar
Imperative:	aç, açsın açın (açınız), açsınlar

to weep

Aorist/Present: ağlarım, ağlarsın, ağlar
ağlarız, ağlarsınız, ağlarlar

Present Progressive: ağlıyorum, ağlıyorsun, ağlıyor
ağlıyoruz, ağlıyorsunuz, ağlıyorlar

Future: ağlayacağım, ağlayacaksın, ağlayacak
ağlayacağız, ağlayacaksınız, ağlayacaklar

Definite Past: ağladım, ağladın, ağladı
ağladık, ağladınız, ağladılar

Indefinite Past: ağlamışım, ağlamışsın, ağlamış
ağlamışız, ağlamışsınız, ağlamışlar

Necessity: ağlamalıyım, ağlamalısın, ağlamalı(dır)
ağlamalıyız, ağlamalısınız, ağlamalı(dır)lar

Optative: ağlayayım, ağlayasın, ağlaya
(Subjunctive) ağlayalım, ağlayasınız, ağlayalar

Conditional: ağlasam, ağlasan, ağlasa
ağlasak, ağlasanız, ağlasalar

Imperative: ———— ağla, ağlasın
ağlayın (ağlayınız), ağlasınlar

4

to get used to

Aorist/Present:	alışırım, alışırsın, alışır alışırız, alışırsınız, alışırlar
Present Progressive:	alışıyorum, alışıyorsun, alışıyor alışıyoruz, alışıyorsunuz, alışıyorlar
Future:	alışacağım, alışacaksın, alışacak alışacağız, alışacaksınız, alışacaklar
Definite Past:	alıştım, alıştın, alıştı alıştık, alıştınız, alıştılar
Indefinite Past:	alışmışım, alışmışsın, alışmış alışmışız, alışmışsınız, alışmışlar
Necessity:	alışmalıyım, alışmalısın, alışmalı(dır) alışmalıyız, alışmalısınız, alışmalı(dır)lar
Optative: *(Subjunctive)*	alışayım, alışasın, alışa alışalım, alışasınız, alışalar
Conditional:	alışsam, alışsan, alışsa alışsak, alışsanız, alışsalar
Imperative:	alış, alışsın alışın (alışınız), alışsınlar

to take, to get, to buy

Aorist/Present:	alırım, alırsın, alır alırız, alırsınız, alırlar
Present Progressive:	alıyorum, alıyorsun, alıyor alıyoruz, alıyorsunuz, alıyorlar
Future:	alacağım, alacaksın, alacak alacağız, alacaksınız, alacaklar
Definite Past:	aldım, aldın, aldı aldık, aldınız, aldılar
Indefinite Past:	almışım, almışsın, almış almışız, almışsınız, almışlar
Necessity:	almalıyım, almalısın, almalı(dır) almalıyız, almalısınız, almalı(dır)lar
Optative: *(Subjunctive)*	alayım, alasın, ala alalım, alasınız, alalar
Conditional:	alsam, alsan, alsa alsak, alsanız, alsalar
Imperative:	———— al, alsın alın (alınız), alsınlar

to understand

Aorist/Present: anlarım, anlarsın, anlar
anlarız, anlarsınız, anlarlar

Present Progressive: anlıyorum, anlıyorsun, anlıyor
anlıyoruz, anlıyorsunuz, anlıyorlar

Future: anlayacağım, anlayacaksın, anlayacak
anlayacağız, anlayacaksınız, anlayacaklar

Definite Past: anladım, anladın, anladı
anladık, anladınız, anladılar

Indefinite Past: anlamışım, anlamışsın, anlamış
anlamışız, anlamışsınız, anlamışlar

Necessity: anlamalıyım, anlamalısın, anlamalı(dır)
anlamalıyız, anlamalısınız, anlamalı(dır)lar

Optative:
(Subjunctive) anlayayım, anlayasın, anlaya
anlayalım, anlayasınız, anlayalar

Conditional: anlasam, anlasan, anlasa
anlasak, anlasanız, anlasalar

Imperative: anla, anlasın
anlayın (anlayınız), anlasınlar

to tell, to explain, to relate

Aorist/Present:	anlatırım, anlatırsın, anlatır anlatırız, anlatırsınız, anlatırlar
Present Progressive:	anlatıyorum, anlatıyorsun, anlatıyor anlatıyoruz, anlatıyorsunuz, anlatıyorlar
Future:	anlatacağım, anlatacaksın, anlatacak anlatacağız, anlatacaksınız, anlatacaklar
Definite Past:	anlattım, anlattın, anlattı anlattık, anlattınız, anlattılar
Indefinite Past:	anlatmışım, anlatmışsın, anlatmış anlatmışız, anlatmışsınız, anlatmışlar
Necessity:	anlatmalıyım, anlatmalısın, anlatmalı(dır) anlatmalıyız, anlatmalısınız, anlatmalı(dır)lar
Optative: *(Subjunctive)*	anlatayım, anlatasın, anlata anlatalım, anlatasınız, anlatalar
Conditional:	anlatsam, anlatsan, anlatsa anlatsak, anlatsanız, anlatsalar
Imperative:	anlat, anlatsın anlatın (anlatınız), anlatsınlar

to remember, to commemorate

Aorist/Present:	anarım, anarsın, anar anarız, anarsınız, anarlar
Present Progressive:	anıyorum, anıyorsun, anıyor anıyoruz, anıyorsunuz, anıyorlar
Future:	anacağım, anacaksın, anacak anacağız, anacaksınız, anacaklar
Definite Past:	andım, andın, andı andık, andınız, andılar
Indefinite Past:	anmışım, anmışsın, anmış anmışız, anmışsınız, anmışlar
Necessity:	anmalıyım, anmalısın, anmalı(dır) anmalıyız, anmalısınız, anmalı(dır)lar
Optative: *(Subjunctive)*	anayım, anasın, ana analın, anasınız, analar
Conditional:	ansam, ansan, ansa ansak, ansanız, ansalar
Imperative:	an, ansın anın (anınız), ansınlar

to look for, to search

Aorist/Present: ararım, ararsın, arar
ararız, ararsınız, ararlar

Present Progressive: arıyorum, arıyorsun, arıyor
arıyoruz, arıyorsunuz, arıyorlar

Future: arayacağım, arayacaksın, arayacak
arayacağız, arayacaksınız, arayacaklar

Definite Past: aradım, aradın, aradı
aradık, aradınız, aradılar

Indefinite Past: aramışım, aramışsın, aramış
aramışız, aramışsınız, aramışlar

Necessity: aramalıyım, aramalısın, aramalı(dır)
aramalıyız, aramalısınız, aramalı(dır)lar

Optative:
(Subjunctive) arayayım, arayasın, araya
arayalım, arayasınız, arayalar

Conditional: arasam, arasan, arasa
arasak, arasanız, arasalar

Imperative: ara, arasın
arayın (arayınız), arasınlar

to hang

Aorist/Present:	asarım, asarsın, asar
	asarız, asarsınız, asarlar
Present Progressive:	asıyorum, asıyorsun, asıyor
	asıyoruz, asıyorsunuz, asıyorlar
Future:	asacağım, asacaksın, asacak
	asacağız, asacaksınız, asacaklar
Definite Past:	astım, astın, astı
	astık, astınız, astılar
Indefinite Past:	asmışım, asmışsın, asmış
	asmışız, asmışsınız, asmışlar
Necessity:	asmalıyım, asmalısın, asmalı(dır)
	asmalıyız, asmalısınız, asmalı(dır)lar
Optative: (Subjunctive)	asayım, asasın, asa
	asalım, asasınız, asalar
Conditional:	assam, assan, assa
	assak, assanız, assalar
Imperative:	as, assın
	asın (asınız), assınlar

to jump

Aorist/Present:	atlarım, atlarsın, atlar atlarız, atlarsınız, atlarlar
Present Progressive:	atlıyorum, atlıyorsun, atlıyor atlıyoruz, atlıyorsunuz, atlıyorlar
Future:	atlayacağım, atlayacaksın, atlayacak atlayacağız, atlayacaksınız, atlayacaklar
Definite Past:	atladım, atladın, atladı atladık, atladınız, atladılar
Indefinite Past:	atlamışım, atlamışsın, atlamış atlamışız, atlamışsınız, atlamışlar
Necessity:	atlamalıyım, atlamalısın, atlamalı(dır) atlamalıyız, atlamalısınız, atlamalı(dır)lar
Optative: *(Subjunctive)*	atlayayım, atlayasın, atlaya atlayalım, atlayasınız, atlayalar
Conditional:	atlasam, atlasan, atlasa atlasak, atlasanız, atlasalar
Imperative:	—————— atla, atlasın atlayın (atlayınız), atlasınlar

to throw (away), to eject,
to discharge

Aorist/Present: atarım, atarsın, atar
atarız, atarsınız, atarlar

Present Progressive: atıyorum, atıyorsun, atıyor
atıyoruz, atıyorsunuz, atıyorlar

Future: atacağım, atacaksın, atacak
atacağız, atacaksınız, atacaklar

Definite Past: attım, attın, attı
attık, attınız, attılar

Indefinite Past: atmışım, atmışsın, atmış
atmışız, atmışsınız, atmışlar

Necessity: atmalıyım, atmalısın, atmalı(dır)
atmalıyız, atmalısınız, atmalı(dır)lar

Optative: atayım, atasın, ata
(Subjunctive) atalım, atasınız, atalar

Conditional: atsam, atsan, atsa
atsak, atsanız, atsalar

Imperative: ———— at, atsın
atın (atınız), atsınlar

ayırmak

to sever, to separate

Aorist/Present: ayırırım, ayırırsın, ayırır
ayırırız, ayırırsınız, ayırırlar

Present Progressive: ayırıyorum, ayırıyorsun, ayırıyor
ayırıyoruz, ayırıyorsunuz, ayırıyorlar

Future: ayıracağım, ayıracaksın, ayıracak
ayıracağız, ayıracaksınız, ayıracaklar

Definite Past: ayırdım, ayırdın, ayırdı
ayırdık, ayırdınız, ayırdılar

Indefinite Past: ayırmışım, ayırmışsın, ayırmış
ayırmışız, ayırmışsınız, ayırmışlar

Necessity: ayırmalıyım, ayırmalısın, ayırmalı(dır)
ayırmalıyız, ayırmalısınız, ayırmalı(dır)lar

Optative:
(Subjunctive) ayırayım, ayırasın, ayıra
ayıralım, ayırasınız, ayıralar

Conditional: ayırsam, ayırsan, ayırsa
ayırsak, ayırsanız, ayırsalar

Imperative: _____ ayır, ayırsın
ayırın (ayırınız), ayırsınlar

14

to shout, to scream

Aorist/Present: bağırırım, bağırırsın, bağırır
bağırırız, bağırırsınız, bağırırlar

Present Progressive: bağırıyorum, bağırıyorsun, bağırıyor
bağırıyoruz, bağırıyorsunuz, bağırıyorlar

Future: bağıracağım, bağıracaksın, bağıracak
bağıracağız, bağıracaksınız, bağıracaklar

Definite Past: bağırdım, bağırdın, bağırdı
bağırdık, bağırdınız, bağırdılar

Indefinite Past: bağırmışım, bağırmışsın, bağırmış
bağırmışız, bağırmışsınız, bağırmışlar

Necessity: bağırmalıyım, bağırmalısın, bağırmalı(dır)
bağırmalıyız, bağırmalısınız, bağırmalı(dır)lar

Optative: bağırayım, bağırasın, bağıra
(Subjunctive) bağıralım, bağırasınız, bağıralar

Conditional: bağırsam, bağırsan, bağırsa
bağırsak, bağırsanız, bağırsalar

Imperative: ____ bağır, bağırsın
bağırın (bağırınız), bağırsınlar

to forgive, to pardon

Aorist/Present: bağışlarım, bağışlarsın, bağışlar
bağışlarız, bağışlarsınız, bağışlarlar

Present Progressive: bağışlıyorum, bağışlıyorsun, bağışlıyor
bağışlıyoruz, bağışlıyorsunuz, bağışlıyorlar

Future: bağışlayacağım, bağışlayacaksın, bağışlayacak
bağışlayacağız, bağışlayacaksınız,
bağışlayacaklar

Definite Past: bağışladım, bağışladın, bağışladı
bağışladık, bağışladınız, bağışladılar

Indefinite Past: bağışlamışım, bağışlamışsın, bağışlamış
bağışlamışız, bağışlamışsınız, bağışlamışlar

Necessity: bağışlamalıyım, bağışlamalısın, bağışlamalı(dır)
bağışlamalıyız, bağışlamalısınız,
bağışlamalı(dır)lar

Optative:
(Subjunctive) bağışlayayım, bağışlayasın, bağışlaya
bağışlayalım, bağışlayasınız, bağışlayalar

Conditional: bağışlasam, bağışlasan, bağışlasa
bağışlasak, bağışlasanız, bağışlasalar

Imperative: bağışla, bağışlasın
bağışlayın (bağışlayınız), bağışlasınlar

to tie, to link

Aorist/Present:	bağlarım, bağlarsın, bağlar
	bağlarız, bağlarsınız, bağlarlar
Present Progressive:	bağlıyorum, bağlıyorsun, bağlıyor
	bağlıyoruz, bağlıyorsunuz, bağlıyorlar
Future:	bağlayacağım, bağlayacaksın, bağlayacak
	bağlayacağız, bağlayacaksınız, bağlayacaklar
Definite Past:	bağladım, bağladın, bağladı
	bağladık, bağladınız, bağladılar
Indefinite Past:	bağlamışım, bağlamışsın, bağlamış
	bağlamışız, bağlamışsınız, bağlamışlar
Necessity:	bağlamalıyım, bağlamalısın, bağlamalı(dır)
	bağlamalıyız, bağlamalısınız, bağlamalı(dır)lar
Optative:	bağlayayım, bağlayasın, bağlaya
(Subjunctive)	bağlayalım, bağlayasınız, bağlayalar
Conditional:	bağlasam, bağlasan, bağlasa
	bağlasak, bağlasanız, bağlasalar
Imperative:	bağla, bağlasın
	bağlayın (bağlayınız), bağlasınlar

to look, to take care of

Aorist/Present: bakarım, bakarsın, bakar
bakarız, bakarsınız, bakarlar

Present Progressive: bakıyorum, bakıyorsun, bakıyor
bakıyoruz, bakıyorsunuz, bakıyorlar

Future: bakacağım, bakacaksın, bakacak
bakacağız, bakacaksınız, bakacaklar

Definite Past: baktım, baktın, baktı
baktık, baktınız, baktılar

Indefinite Past: bakmışım, bakmışsın, bakmış
bakmışız, bakmışsınız, bakmışlar

Necessity: bakmalıyım, bakmalısın, bakmalı(dır)
bakmalıyız, bakmalısınız, bakmalı(dır)lar

Optative: bakayım, bakasın, baka
(Subjunctive) bakalım, bakasınız, bakalar

Conditional: baksam, baksan, baksa
baksak, baksanız, baksalar

Imperative: _____ bak, baksın
bakın (bakınız), baksınlar

to step on, to press

Aorist/Present:	basarım, basarsın, basar basarız, basarsınız, basarlar
Present Progressive:	basıyorum, basıyorsun, basıyor basıyoruz, basıyorsunuz, basıyorlar
Future:	basacağım, basacaksın, basacak basacağız, basacaksınız, basacaklar
Definite Past:	bastım, bastın, bastı bastık, bastınız, bastılar
Indefinite Past:	basmışım, basmışsın, basmış basmışız, basmışsınız, basmışlar
Necessity:	basmalıyım, basmalısın, basmalı(dır) basmalıyız, basmalısınız, basmalı(dır)lar
Optative: *(Subjunctive)*	basayım, basasın, basa basalım, basasınız, basalar
Conditional:	bassam, bassan, bassa bassak, bassanız, bassalar
Imperative:	——— bas, bassın basın (basınız), bassınlar

to achieve, to accomplish,
to succeed

Aorist/Present: başarırım, başarırsın, başarır
başarırız, başarırsınız, başarırlar

Present Progressive: başarıyorum, başarıyorsun, başarıyor
başarıyoruz, başarıyorsunuz, başarıyorlar

Future: başaracağım, başaracaksın, başaracak
başaracağız, başaracaksınız, başaracaklar

Definite Past: başardım, başardın, başardı
başardık, başardınız, başardılar

Indefinite Past: başarmışım, başarmışsın, başarmış
başarmışız, başarmışsınız, başarmışlar

Necessity: başarmalıyım, başarmalısın, başarmalı(dır)
başarmalıyız, başarmalısınız, başarmalı(dır)lar

Optative:
(Subjunctive) başarayım, başarasın, başara
başaralım, başarasınız, başaralar

Conditional: başarsam, başarsan, başarsa
başarsak, başarsanız, başarsalar

Imperative: başar, başarsın
başarın (başarınız), başarsınlar

to begin, to start

Aorist/Present:	başlarım, başlarsın, başlar başlarız, başlarsınız, başlarlar
Present Progressive:	başlıyorum, başlıyorsun, başlıyor başlıyoruz, başlıyorsunuz, başlıyorlar
Future:	başlayacağım, başlayacaksın, başlayacak başlayacağız, başlayacaksınız, başlayacaklar
Definite Past:	başladım, başladın, başladı başladık, başladınız, başladılar
Indefinite Past:	başlamışım, başlamışsın, başlamış başlamışız, başlamışsınız, başlamışlar
Necessity:	başlamalıyım, başlamalısın, başlamalı(dır) başlamalıyız, başlamalısınız, başlamalı(dır)lar
Optative: *(Subjunctive)*	başlayayım, başlayasın, başlaya başlayalım, başlayasınız, başlayalar
Conditional:	başlasam, başlasan, başlasa başlasak, başlasanız, başlasalar
Imperative:	başla, başlasın başlayın (başlayınız), başlasınlar

to like, to appreciate

Aorist/Present:	beğenirim, beğenirsin, beğenir beğeniriz, beğenirsiniz, beğenirler
Present Progressive:	beğeniyorum, beğeniyorsun, beğeniyor beğeniyoruz, beğeniyorsunuz, beğeniyorlar
Future:	beğeneceğim, beğeneceksin, beğenecek beğeneceğiz, beğeneceksiniz, beğenecekler
Definite Past:	beğendim, beğendin, beğendi beğendik, beğendiniz, beğendiler
Indefinite Past:	beğenmişim, beğenmişsin, beğenmiş beğenmişiz, beğenmişsiniz, beğenmişler
Necessity:	beğenmeliyim, beğenmelisin, beğenmeli(dir) beğenmeliyiz, beğenmelisiniz, beğenmeli(dir)ler
Optative: *(Subjunctive)*	beğeneyim, beğenesin, beğene beğenelim, beğenesiniz, beğeneler
Conditional:	beğensem, beğensen, beğense beğensek, beğenseniz, beğenseler
Imperative:	beğen, beğensin beğenin (beğeniniz), beğensinler

to wait (for), to await,
to expect

Aorist/Present: beklerim, beklersin, bekler
beklerim, beklersiniz, beklerler

Present Progressive: bekliyorum, bekliyorsun, bekliyor
bekliyoruz, bekliyorsunuz, bekliyorlar

Future: bekleyeceğim, bekleyeceksin, bekleyecek
bekleyeceğiz, bekleyeceksiniz, bekleyecekler

Definite Past: bekledim, bekledin, bekledi
bekledik, beklediniz, beklediler

Indefinite Past: beklemişim, beklemişsin, beklemiş
beklemişiz, beklemişsiniz, beklemişler

Necessity: beklemeliyim, beklemelisin, beklemeli(dir)
beklemeliyiz, beklemelisiniz, beklemeli(dir)ler

Optative: bekleyeyim, bekleyesin, bekleye
(Subjunctive) bekleyelim, bekleyesiniz, bekleyeler

Conditional: beklesem, beklesen, beklese
beklesek, bekleseniz, bekleseler

Imperative: _____ bekle, beklesin
bekleyin (bekleyiniz), beklesinler

to resemble, to look like

Aorist/Present:	benzerim, benzersin, benzer benzeriz, benzersiniz, benzerler
Present Progressive:	benziyorum, benziyorsun, benziyor benziyoruz, benziyorsunuz, benziyorlar
Future:	benzeyeceğim, benzeyeceksin, benzeyecek benzeyeceğiz, benzeyeceksiniz, benzeyecekler
Definite Past:	benzedim, benzedin, benzedi benzedik, benzediniz, benzediler
Indefinite Past:	benzemişim, benzemişsin, benzemiş benzemişiz, benzemişsiniz, benzemişler
Necessity:	benzemeliyim, benzemelisin, benzemeli(dir) benzemeliyiz, benzemelisiniz, benzemeli(dir)ler
Optative: *(Subjunctive)*	benzeyeyim, benzeyesin, benzeye benzeyelim, benzeyesiniz, benzeyeler
Conditional:	benzesem, benzesen, benzese benzesek, benzeseniz, benzeseler
Imperative:	_____ benze, benzesin benzeyin (benzeyiniz), benzesinler

to get bored with,
to grow tired of

Aorist/Present: bıkarım, bıkarsın, bıkar
bıkarız, bıkarsınız, bıkarlar

Present Progressive: bıkıyorum, bıkıyorsun, bıkıyor
bıkıyoruz, bıkıyorsunuz, bıkıyorlar

Future: bıkacağım, bıkacaksın, bıkacak
bıkacağız, bıkacaksınız, bıkacaklar

Definite Past: bıktım, bıktın, bıktı
bıktık, bıktınız, bıktılar

Indefinite Past: bıkmışım, bıkmışsın, bıkmış
bıkmışız, bıkmışsınız, bıkmışlar

Necessity: bıkmalıyım, bıkmalısın, bıkmalı(dır)
bıkmalıyız, bıkmalısınız, bıkmalı(dır)lar

Optative: bıkayım, bıkasın, bıka
(Subjunctive) bıkalım, bıkasınız, bıkalar

Conditional: bıksam, bıksan, bıksa
bıksak, bıksanız, bıksalar

Imperative: _____ bık, bıksın
bıkın (bıkınız), bıksınlar

to leave, to quit,
to let go, to allow

Aorist/Present: bırakırım, bırakırsın, bırakır
bırakırız, bırakırsınız, bırakırlar

Present Progressive: bırakıyorum, bırakıyorsun, bırakıyor
bırakıyoruz, bırakıyorsunuz, bırakıyorlar

Future: bırakacağım, bırakacaksın, bırakacak
bırakacağız, bırakacaksınız, bırakacaklar

Definite Past: bıraktım, bıraktın, bıraktı
bıraktık, bıraktınız, bıraktılar

Indefinite Past: bırakmışım, bırakmışsın, bırakmış
bırakmışız, bırakmışsınız, bırakmışlar

Necessity: bırakmalıyım, bırakmalısın, bırakmalı(dır)
bırakmalıyız, bırakmalısınız, bırakmalı(dır)lar

Optative:
(Subjunctive) bırakayım, bırakasın, bıraka
bırakalım, bırakasınız, bırakalar

Conditional: bıraksam, bıraksan, bıraksa
bıraksak, bıraksanız, bıraksalar

Imperative: _____ bırak, bıraksın
bırakın (bırakınız), bıraksınlar

to know

Aorist/Present:	bilirim, bilirsin, bilir biliriz, bilirsiniz, bilirler
Present Progressive:	biliyorum, biliyorsun, biliyor biliyoruz, biliyorsunuz, biliyorlar
Future:	bileceğim, bileceksin, bilecek bileceğiz, bileceksiniz, bilecekler
Definite Past:	bildim, bildin, bildi bildik, bildiniz, bildiler
Indefinite Past:	bilmişim, bilmişsin, bilmiş bilmişiz, bilmişsiniz, bilmişler
Necessity:	bilmeliyim, bilmelisin, bilmeli(dir) bilmeliyiz, bilmelisiniz, bilmeli(dir)ler
Optative: *(Subjunctive)*	bileyim, bilesin, bile bilelim, bilesiniz, bileler
Conditional:	bilsem, bilsen, bilse bilsek, bilseniz, bilseler
Imperative:	bil, bilsin bilin (biliniz), bilsinler

to ride, to mount,
to embark, to board

Aorist/Present:	binerim, binersin, biner bineriz, binersiniz, binerler
Present Progressive:	biniyorum, biniyorsun, biniyor biniyoruz, biniyorsunuz, biniyorlar
Future:	bineceğim, bineceksin, binecek bineceğiz, bineceksiniz, binecekler
Definite Past:	bindim, bindin, bindi bindik, bindiniz, bindiler
Indefinite Past:	binmişim, binmişsin, binmiş binmişiz, binmişsiniz, binmişler
Necessity:	binmeliyim, binmelisin, binmeli(dir) binmeliyiz, binmelisiniz, binmeli(dir)ler
Optative: *(Subjunctive)*	bineyim, binesin, bine binelim, binesiniz, bineler
Conditional:	binsem, binsen, binse binsek, binseniz, binseler
Imperative:	bin, binsin binin (bininiz), binsinler

to finish, to complete,
to bring to an end

Aorist/Present: bitiririm, bitirirsin, bitirir
bitiririz, bitirirsiniz, bitirirler

Present Progressive: bitiriyorum, bitiriyorsun, bitiriyor
bitiriyoruz, bitiriyorsunuz, bitiriyorlar

Future: bitireceğim, bitireceksin, bitirecek
bitireceğiz, bitireceksiniz, bitirecekler

Definite Past: bitirdim, bitirdin, bitirdi
bitirdik, bitirdiniz, bitirdiler

Indefinite Past: bitirmişim, bitirmişsin, bitirmiş
bitirmişiz, bitirmişsiniz, bitirmişler

Necessity: bitirmeliyim, bitirmelisin, bitirmeli(dir)
bitirmeliyiz, bitirmelisiniz, bitirmeli(dir)ler

Optative:
(Subjunctive) bitireyim, bitiresin, bitire
bitirelim, bitiresiniz, bitireler

Conditional: bitirsem, bitirsen, bitirse
bitirsek, bitirseniz, bitirseler

Imperative: bitir, bitirsin
——— bitirin (bitiriniz), bitirsinler

to come to an end, to be finished,
to be exhausted, to be fascinated by

Aorist/Present: biterim, bitersin, biter
biteriz, bitersiniz, biterler

Present Progressive: bitiyorum, bitiyorsun, bitiyor
bitiyoruz, bitiyorsunuz, bitiyorlar

Future: biteceğim, biteceksin, bitecek
biteceğiz, biteceksiniz, bitecekler

Definite Past: bittim, bittin, bitti
bittik, bittiniz, bittiler

Indefinite Past: bitmişim, bitmişsin, bitmiş
bitmişiz, bitmişsiniz, bitmişler

Necessity: bitmeliyim, bitmelisin, bitmeli(dir)
bitmeliyiz, bitmelisiniz, bitmeli(dir)ler

Optative:
(Subjunctive) biteyim, bitesin, bite
bitelim, bitesiniz, biteler

Conditional: bitsem, bitsen, bitse
bitsek, bitseniz, bitseler

Imperative: ———— bit, bitsin
bitin (bitiniz), bitsinler

to undo, to break,
to change money, to spoil

Aorist/Present:	bozarım, bozarsın, bozar bozarız, bozarsınız, bozarlar
Present Progressive:	bozuyorum, bozuyorsun, bozuyor bozuyoruz, bozuyorsunuz, bozuyorlar
Future:	bozacağım, bozacaksın, bozacak bozacağız, bozacaksınız, bozacaklar
Definite Past:	bozdum, bozdun, bozdu bozduk, bozdunuz, bozdular
Indefinite Past:	bozmuşum, bozmuşsun, bozmuş bozmuşuz, bozmuşsunuz, bozmuşlar
Necessity:	bozmalıyım, bozmalısın, bozmalı(dır) bozmalıyız, bozmalısınız, bozmalı(dır)lar
Optative: *(Subjunctive)*	bozayım, bozasın, boza bozalım, bozasınız, bozalar
Conditional:	bozsam, bozsan, bozsa bozsak, bozsanız, bozsalar
Imperative:	boz, bozsun bozun (bozunuz), bozsunlar

to separate, to divide

Aorist/Present:	bölerim, bölersin, böler böleriz, bölersiniz, bölerler
Present Progressive:	bölüyorum, bölüyorsun, bölüyor bölüyoruz, bölüyorsunuz, bölüyorlar
Future:	böleceğim, böleceksin, bölecek böleceğiz, böleceksiniz, bölecekler
Definite Past:	böldüm, böldün, böldü böldük, böldünüz, böldüler
Indefinite Past:	bölmüşüm, bölmüşsün, bölmüş bölmüşüz, bölmüşsünüz, bölmüşler
Necessity:	bölmeliyim, bölmelisin, bölmeli(dir) bölmeliyiz, bölmelisiniz, bölmeli(dir)ler
Optative: *(Subjunctive)*	böleyim, bölesin, böle bölelim, bölesiniz, böleler
Conditional:	bölsem, bölsen, bölse bölsek, bölseniz, bölseler
Imperative:	böl, bölsün bölün (bölünüz), bölsünler

to find, to discover

Aorist/Present: bulurum, bulursun, bulur
buluruz, bulursunuz, bulurlar

Present Progressive: buluyorum, buluyorsun, buluyor
buluyoruz, buluyorsunuz, buluyorlar

Future: bulacağım, bulacaksın, bulacak
bulacağız, bulacaksınız, bulacaklar

Definite Past: buldum, buldun, buldu
bulduk, buldunuz, buldular

Indefinite Past: bulmuşum, bulmuşsun, bulmuş
bulmuşuz, bulmuşsunuz, bulmuşlar

Necessity: bulmalıyım, bulmalısın, bulmalı(dır)
bulmalıyız, bulmalısınız, bulmalı(dır)lar

Optative: bulayım, bulasın, bula
(Subjunctive) bulalım, bulasınız, bulalar

Conditional: bulsam, bulsan, bulsa
bulsak, bulsanız, bulsalar

Imperative: bul, bulsun
bulun (bulunuz), bulsunlar

to grow (up), to increase

Aorist/Present:	büyürüm, büyürsün, büyür büyürüz, büyürsünüz, büyürler
Present Progressive:	büyüyorum, büyüyorsun, büyüyor büyüyoruz, büyüyorsunuz, büyüyorlar
Future:	büyüyeceğim, büyüyeceksin, büyüyecek büyüyeceğiz, büyüyeceksiniz, büyüyecekler
Definite Past:	büyüdüm, büyüdün, büyüdü büyüdük, büyüdünüz, büyüdüler
Indefinite Past:	büyümüşüm, büyümüşsün, büyümüş büyümüşüz, büyümüşsünüz, büyümüşler
Necessity:	büyümeliyim, büyümelisin, büyümeli(dir) büyümeliyiz, büyümelisiniz, büyümeli(dir)ler
Optative: *(Subjunctive)*	büyüyeyim, büyüyesin, büyüye büyüyelim, büyüyesiniz, büyüyeler
Conditional:	büyüsem, büyüsen, büyüse büyüsek, büyüseniz, büyüseler
Imperative:	büyü, büyüsün büyüyün (büyüyünüz), büyüsünler

to call (out), to invite

Aorist/Present: çağırırım, çağırırsın, çağırır
çağırırız, çağırırsınız, çağırırlar

Present Progressive: çağırıyorum, çağırıyorsun, çağırıyor
çağırıyoruz, çağırıyorsunuz, çağırıyorlar

Future: çağıracağım, çağıracaksın, çağıracak
çağıracağız, çağıracaksınız, çağıracaklar

Definite Past: çağırdım, çağırdın, çağırdı
çağırdık, çağırdınız, çağırdılar

Indefinite Past: çağırmışım, çağırmışsın, çağırmış
çağırmışız, çağırmışsınız, çağırmışlar

Necessity: çağırmalıyım, çağırmalısın, çağırmalı(dır)
çağırmalıyız, çağırmalısınız, çağırmalı(dır)lar

Optative: çağırayım, çağırasın, çağıra
(Subjunctive) çağıralım, çağırasınız, çağıralar

Conditional: çağırsam, çağırsan, çağırsa
çağırsak, çağırsanız, çağırsalar

Imperative: _____ çağır, çağırsın
çağırın (çağırınız), çağırsınlar

to work, to study,
to try, to strive

Aorist/Present: çalışırım, çalışırsın, çalışır
çalışırız, çalışırsınız, çalışırlar

Present Progressive: çalışıyorum, çalışıyorsun, çalışıyor
çalışıyoruz, çalışıyorsunuz, çalışıyorlar

Future: çalışacağım, çalışacaksın, çalışacak
çalışacağız, çalışacaksınız, çalışacaklar

Definite Past: çalıştım, çalıştın, çalıştı
çalıştık, çalıştınız, çalıştılar

Indefinite Past: çalışmışım, çalışmışsın, çalışmış
çalışmışız, çalışmışsınız, çalışmışlar

Necessity: çalışmalıyım, çalışmalısın, çalışmalı(dır)
çalışmalıyız, çalışmalısınız, çalışmalı(dır)lar

Optative:
(Subjunctive) çalışayım, çalışasın, çalışa
çalışalım, çalışasınız, çalışalar

Conditional: çalışsam, çalışsan, çalışsa
çalışsak, çalışsanız, çalışsalar

Imperative: _____ çalış, çalışsın
çalışın (çalışınız), çalışsınlar

to knock (down), to steal,
to play a musical instrument,
to ring a bell

Aorist/Present: çalarım, çalarsın, çalar
çalarız, çalarsınız, çalarlar

Present Progressive: çalıyorum, çalıyorsun, çalıyor
çalıyoruz, çalıyorsunuz, çalıyorlar

Future: çalacağım, çalacaksın, çalacak
çalacağız, çalacaksınız, çalacaklar

Definite Past: çaldım, çaldın, çaldı
çaldık, çaldınız, çaldılar

Indefinite Past: çalmışım, çalmışsın, çalmış
çalmışız, çalmışsınız, çalmışlar

Necessity: çalmalıyım, çalmalısın, çalmalı(dır)
çalmalıyız, çalmalısınız, çalmalı(dır)lar

Optative: çalayım, çalasın, çala
(Subjunctive) çalalım, çalasınız, çalalar

Conditional: çalsam, çalsan, çalsa
çalsak, çalsanız, çalsalar

Imperative: _____ çal, çalsın
çalın (çalınız), çalsınlar

to collide with, to strike
against, to multiply, to bang

Aorist/Present: çarparım, çarparsın, çarpar
çarparız, çarparsınız, çarparlar

Present Progressive: çarpıyorum, çarpıyorsun, çarpıyor
çarpıyoruz, çarpıyorsunuz, çarpıyorlar

Future: çarpacağım, çarpacaksın, çarpacak
çarpacağız, çarpacaksınız, çarpacaklar

Definite Past: çarptım, çarptın, çarptı
çarptık, çarptınız, çarptılar

Indefinite Past: çarpmışım, çarpmışsın, çarpmış
çarpmışız, çarpmışsınız, çarpmışlar

Necessity: çarpmalıyım, çarpmalısın, çarpmalı(dır)
çarpmalıyız, çarpmalısınız, çarpmalı(dır)lar

Optative: çarpayım, çarpasın, çarpa
(Subjunctive) çarpalım, çarpasınız, çarpalar

Conditional: çarpsam, çarpsan, çarpsa
çarpsak, çarpsanız, çarpsalar

Imperative: _____ çarp, çarpsın
çarpın (çarpınız), çarpsınlar

to pull, to draw, to withdraw,
to extract, to suffer

Aorist/Present: çekerim, çekersin, çeker
çekeriz, çekersiniz, çekerler

Present Progressive: çekiyorum, çekiyorsun, çekiyor
çekiyoruz, çekiyorsunuz, çekiyorlar

Future: çekeceğim, çekeceksin, çekecek
çekeceğiz, çekeceksiniz, çekecekler

Definite Past: çektim, çektin, çekti
çektik, çektiniz, çektiler

Indefinite Past: çekmişim, çekmişsin, çekmiş
çekmişiz, çekmişsiniz, çekmişler

Necessity: çekmeliyim, çekmelisin, çekmeli(dir)
çekmeliyiz, çekmelisiniz, çekmeli(dir)ler

Optative: çekeyim, çekesin, çeke
(Subjunctive) çekelim, çekesiniz, çekeler

Conditional: çeksem, çeksen, çekse
çeksek, çekseniz, çekseler

Imperative: ——— çek, çeksin
çekin, (çekiniz), çeksinler

to turn something, to send
back, to surround, to transla

Aorist/Present:	çeviririm, çevirirsin, çevirir çeviririz, çevirirsiniz, çevirirler
Present Progressive:	çeviriyorum, çeviriyorsun, çeviriyor çeviriyoruz, çeviriyorsunuz, çeviriyorlar
Future:	çevireceğim, çevireceksin, çevirecek çevireceğiz, çevireceksiniz, çevirecekler
Definite Past:	çevirdim, çevirdin, çevirdi çevirdik, çevirdiniz, çevirdiler
Indefinite Past:	çevirmişim, çevirmişsin, çevirmiş çevirmişiz, çevirmişsiniz, çevirmişler
Necessity:	çevirmeliyim, çevirmelisin, çevirmeli(dir) çevirmeliyiz, çevirmelisiniz, çevirmeli(dir)ler
Optative: *(Subjunctive)*	çevireyim, çeviresin, çevire çevirelim, çeviresiniz, çevireler
Conditional:	çevirsem, çevirsen, çevirse çevirsek, çevirseniz, çevirseler
Imperative:	çevir, çevirsin çevirin (çeviriniz), çevirsinler

to take out, to extract,
to expel, to remove, to omit,
to subtract

Aorist/Present: çıkarırım, çıkarırsın, çıkarır
çıkarırız, çıkarırsınız, çıkarırlar

Present Progressive: çıkarıyorum, çıkarıyorsun, çıkarıyor
çıkarıyoruz, çıkarıyorsunuz, çıkarıyorlar

Future: çıkaracağım, çıkaracaksın, çıkaracak
çıkaracağız, çıkaracaksınız, çıkaracaklar

Definite Past: çıkardım, çıkardın, çıkardı
çıkardık, çıkardınız, çıkardılar

Indefinite Past: çıkarmışım, çıkarmışsın, çıkarmış
çıkarmışız, çıkarmışsınız, çıkarmışlar

Necessity: çıkarmalıyım, çıkarmalısın, çıkarmalı(dır)
çıkarmalıyız, çıkarmalısınız, çıkarmalı(dır)lar

Optative:
(Subjunctive)
çıkarayım, çıkarasın, çıkara
çıkaralım, çıkarasınız, çıkaralar

Conditional: çıkarsam, çıkarsan, çıkarsa
çıkarsak, çıkarsanız, çıkarsalar

Imperative: çıkar, çıkarsın
çıkarın (çıkarınız), çıkarsınlar

to go out, to go up

Aorist/Present:	çıkarım, çıkarsın, çıkar çıkarız, çıkarsınız, çıkarlar
Present Progressive:	çıkıyorum, çıkıyorsun, çıkıyor çıkıyoruz, çıkıyorsunuz, çıkıyorlar
Future:	çıkacağım, çıkacaksın, çıkacak çıkacağız, çıkacaksınız, çıkacaklar
Definite Past:	çıktım, çıktın, çıktı çıktık, çıktınız, çıktılar
Indefinite Past:	çıkmışım, çıkmışsın, çıkmış çıkmışız, çıkmışsınız, çıkmışlar
Necessity:	çıkmalıyım, çıkmalısın, çıkmalı(dır) çıkmalıyız, çıkmalısınız, çıkmalı(dır)lar
Optative: *(Subjunctive)*	çıkayım, çıkasın, çıka çıkalım, çıkasınız, çıkalar
Conditional:	çıksam, çıksan, çıksa çıksak, çıksanız, çıksalar
Imperative:	çık, çıksın çıkın (çıkınız), çıksınlar

to draw a line or a picture,
to cross out

Aorist/Present:	çizerim, çizersin, çizer çizeriz, çizersiniz, çizerler
Present Progressive:	çiziyorum, çiziyorsun, çiziyor çiziyoruz, çiziyorsunuz, çiziyorlar
Future:	çizeceğim, çizeceksin, çizecek çizeceğiz, çizeceksiniz, çizecekler
Definite Past:	çizdim, çizdin, çizdi çizdik, çizdiniz, çizdiler
Indefinite Past:	çizmişim, çizmişsin, çizmiş çizmişiz, çizmişsiniz, çizmişler
Necessity:	çizmeliyim, çizmelisin, çizmeli(dir) çizmeliyiz, çizmelisiniz, çizmeli(dir)ler
Optative: *(Subjunctive)*	çizeyim, çizesin, çize çizelim, çizesiniz, çizeler
Conditional:	çizsem, çizsen, çizse çizsek, çizseniz, çizseler
Imperative:	çiz, çizsin çizin (çiziniz), çizsinler

to untie, to unravel,
to solve

Aorist/Present:	çözerim, çözersin, çözer çözeriz, çözersiniz, çözerler
Present Progressive:	çözüyorum, çözüyorsun, çözüyor çözüyoruz, çözüyorsunuz, çözüyorlar
Future:	çözeceğim, çözeceksin, çözecek çözeceğiz, çözeceksiniz, çözecekler
Definite Past:	çözdüm, çözdün, çözdü çözdük, çözdünüz, çözdüler
Indefinite Past:	çözmüşüm, çözmüşsün, çözmüş çözmüşüz, çözmüşsünüz, çözmüşler
Necessity:	çözmeliyim, çözmelisin, çözmeli(dir) çözmeliyiz, çözmelisiniz, çözmeli(dir)ler
Optative: *(Subjunctive)*	çözeyim, çözesin, çöze çözelim, çözesiniz, çözeler
Conditional:	çözsem, çözsen, çözse çözsek, çözseniz, çözseler
Imperative:	çöz, çözsün çözün (çözünüz), çözsünler

to change, to become different,
to exchange, to change clothes

Aorist/Present: değişirim, değişirsin, değişir
değişiriz, değişirsiniz, değişirler

Present Progressive: değişiyorum, değişiyorsun, değişiyor
değişiyoruz, değişiyorsunuz, değişiyorlar

Future: değişeceğim, değişeceksin, değişecek
değişeceğiz, değişeceksiniz, değişecekler

Definite Past: değiştim, değiştin, değişti
değiştik, değiştiniz, değiştiler

Indefinite Past: değişmişim, değişmişsin, değişmiş
değişmişiz, değişmişsiniz, değişmişler

Necessity: değişmeliyim, değişmelisin, değişmeli(dir)
değişmeliyiz, değişmelisiniz, değişmeli(dir)ler

Optative: değişeyim, değişesin, değişe
(Subjunctive) değişelim, değişesiniz, değişeler

Conditional: değişsem, değişsen, değişse
değişsek, değişseniz, değişseler

Imperative: değiş, değişsin
değişin (değişiniz), değişsinler

to say

Aorist/Present:	derim, dersin, der deriz, dersiniz, derler
Present Progressive:	diyorum, diyorsun, diyor diyoruz, diyorsunuz, diyorlar
Future:	diyeceğim, diyeceksin, diyecek diyeceğiz, diyeceksiniz, diyecekler
Definite Past:	dedim, dedin, dedi dedik, dediniz, dediler
Indefinite Past:	demişim, demişsin, demiş demişiz, demişsiniz, demişler
Necessity:	demeliyim, demelisin, demeli(dir) demeliyiz, demelisiniz, demeli(dir)ler
Optative: *(Subjunctive)*	diyeyim, diyesin, diye diyelim, diyelisiniz, diyeler
Conditional:	desem, desen, dese desek, deseniz, deseler
Imperative:	_____ de, desin diyin (diyiniz), desinler

to test, to experiment,
to try, to attempt

Aorist/Present: denerim, denersin, dener
deneriz, denersiniz, denerler

Present Progressive: deniyorum, deniyorsun, deniyor
deniyoruz, deniyorsunuz, deniyorlar

Future: deneyeceğim, deneyeceksin, deneyecek
deneyeceğiz, deneyeceksiniz, deneyecekler

Definite Past: denedim, denedin, denedi
denedik, denediniz, denediler

Indefinite Past: denemişim, denemişsin, denemiş
denemişiz, denemişsiniz, denemişler

Necessity: denemeliyim, denemelisin, denemeli(dir)
denemeliyiz, denemelisiniz, denemeli(dir)ler

Optative: deneyeyim, deneyesin, deneye
(Subjunctive) deneyelim, deneyesiniz, deneyeler

Conditional: denesem, denesen, denese
denesek, deneseniz, deneseler

Imperative: _____ dene, denesin
deneyin (deneyiniz), denesinler

to wish (for)

Aorist/Present:	dilerim, dilersin, diler dileriz, dilersiniz, dilerler
Present Progressive:	diliyorum, diliyorsun, diliyor diliyoruz, diliyorsunuz, diliyorlar
Future:	dileyeceğim, dileyeceksin, dileyecek dileyeceğiz, dileyeceksiniz, dileyecekler
Definite Past:	diledim, diledin, diledi diledik, dilediniz, dilediler
Indefinite Past:	dilemişim, dilemişsin, dilemiş dilemişiz, dilemişsiniz, dilemişler
Necessity:	dilemeliyim, dilemelisin, dilemeli(dir) dilemeliyiz, dilemelisiniz, dilemeli(dir)ler
Optative: *(Subjunctive)*	dileyeyim, dileyesin, dileye dileyelim, dileyesiniz, dileyeler
Conditional:	dilesem, dilesen, dilese dilesek, dileseniz, dileseler
Imperative:	_____ dile, dilesin dileyin (dileyiniz), dilesinler

to listen, to pay attention,
to obey

Aorist/Present: dinlerim, dinlersin, dinler
dinleriz, dinlersiniz, dinlerler

Present Progressive: dinliyorum, dinliyorsun, dinliyor
dinliyoruz, dinliyorsunuz, dinliyorlar

Future: dinleyeceğim, dinleyeceksin, dinleyecek
dinleyeceğiz, dinleyeceksiniz, dinleyecekler

Definite Past: dinledim, dinledin, dinledi
dinledik, dinlediniz, dinlediler

Indefinite Past: dinlemişim, dinlemişsin, dinlemiş
dinlemişiz, dinlemişsiniz, dinlemişler

Necessity: dinlemeliyim, dinlemelisin, dinlemeli(dir)
dinlemeliyiz, dinlemelisiniz, dinlemeli(dir)ler

Optative: dinleyeyim, dinleyesin, dinleye
(Subjunctive) dinleyelim, dinleyesiniz, dinleyeler

Conditional: dinlesem, dinlesen, dinlese
dinlesek, dinleseniz, dinleseler

Imperative: _____ dinle, dinlesin
dinleyin (dinleyiniz), dinlesinler

to rest, to relax

Aorist/Present:	dinlenirim, dinlenirsin, dinlenir dinleniriz, dinlenirsiniz, dinlenirler
Present Progressive:	dinleniyorum, dinleniyorsun, dinleniyor dinleniyoruz, dinleniyorsunuz, dinleniyorlar
Future:	dinleneceğim, dinleneceksin, dinlenecek dinleneceğiz, dinlenecesiniz, dinlenecekler
Definite Past:	dinlendim, dinlendin, dinlendi dinlendik, dinlendiniz, dinlendiler
Indefinite Past:	dinlenmişim, dinlenmişsin, dinlenmiş dinlenmişiz, dinlenmişsiniz, dinlenmişler
Necessity:	dinlenmeliyim, dinlenmelisin, dinlenmeli(dir) dinlenmeliyiz, dinlenmelisiniz, dinlenmeli(dir)ler
Optative: *(Subjunctive)*	dinleneyim, dinlenesin, dinlene dinlenelim, dinlenesiniz, dinleneler
Conditional:	dinlensem, dinlensen, dinlense dinlensek, dinlenseniz, dinlenseler
Imperative:	dinlen, dinlensin dinlenin (dinleniniz), dinlensinler

to be born

Aorist/Present:	doğarım, doğarsın, doğar doğarız, doğarsınız, doğarlar
Present Progressive:	doğuyorum, doğuyorsun, doğuyor doğuyoruz, doğuyorsunuz, doğuyorlar
Future:	doğacağım, doğacaksın, doğacak doğacağız, doğacaksınız, doğacaklar
Definite Past:	doğdum, doğdun, doğdu doğduk, doğdunuz, doğdular
Indefinite Past:	doğmuşum, doğmuşsun, doğmuş doğmuşuz, doğmuşsunuz, doğmuşlar
Necessity:	doğmalıyım, doğmalısın, doğmalı(dır) doğmalıyız, doğmalısınız, doğmalı(dır)lar
Optative: *(Subjunctive)*	doğayım, doğasın, doğa doğalım, doğasınız, doğalar
Conditional:	doğsam, doğsan, doğsa doğsak, doğsanız, doğsalar
Imperative:	doğ, doğsun doğun (doğunuz), doğsunlar

to touch, to affect,
to harm

Aorist/Present: dokunurum, dokunursun, dokunur
dokunuruz, dokunursunuz, dokunurlar

Present Progressive: dokunuyorum, dokunuyorsun, dokunuyor
dokunuyoruz, dokunuyorsunuz, dokunuyorlar

Future: dokunacağım, dokunacaksın, dokunacak
dokunacağız, dokunacaksınız, dokunacaklar

Definite Past: dokundum, dokundun, dokundu
dokunduk, dokundunuz, dokundular

Indefinite Past: dokunmuşum, dokunmuşsun, dokunmuş
dokunmuşuz, dokunmuşsunuz, dokunmuşlar

Necessity: dokunmalıyım, dokunmalısın, dokunmalı(dır)
dokunmalıyız, dokunmalısınız, dokunmalı(dır)lar

Optative: dokunayım, dokunasın, dokuna
(Subjunctive) dokunalım, dokunasınız, dokunalar

Conditional: dokunsam, dokunsan, dokunsa
dokunsak, dokunsanız, dokunsalar

Imperative: _____ dokun, dokunsun
dokunun (dokununuz), dokunsunlar

to go around, to take a walk,
to make a tour

Aorist/Present: dolaşırım, dolaşırsın, dolaşır
dolaşırız, dolaşırsınız, dolaşırlar

Present Progressive: dolaşıyorum, dolaşıyorsun, dolaşıyor
dolaşıyoruz, dolaşıyorsunuz, dolaşıyorlar

Future: dolaşacağım, dolaşacaksın, dolaşacak
dolaşacağız, dolaşacaksınız, dolaşacaklar

Definite Past: dolaştım, dolaştın, dolaştı
dolaştık, dolaştınız, dolaştılar

Indefinite Past: dolaşmışım, dolaşmışsın, dolaşmış
dolaşmışız, dolaşmışsınız, dolaşmışlar

Necessity: dolaşmalıyım, dolaşmalısın, dolaşmalı(dır)
dolaşmalıyız, dolaşmalısınız, dolaşmalı(dır)lar

Optative: dolaşayım, dolaşasın, dolaşa
(Subjunctive) dolaşalım, dolaşasınız, dolaşalar

Conditional: dolaşsam, dolaşsan, dolaşsa
dolaşsak, dolaşsanız, dolaşsalar

Imperative: dolaş, dolaşsın
dolaşın (dolaşınız), dolaşsınlar

to pour, to shed, to spill

Aorist/Present:	dökerim, dökersin, döker dökeriz, dökersiniz, dökerler
Present Progressive:	döküyorum, döküyorsun, döküyor döküyoruz, döküyorsunuz, döküyorlar
Future:	dökeceğim, dökeceksin, dökecek dökeceğiz, dökeceksiniz, dökecekler
Definite Past:	döktüm, döktün, döktü döktük, döktünüz, döktüler
Indefinite Past:	dökmüşüm, dökmüşsün, dökmüş dökmüşüz, dökmüşsünüz, dökmüşler
Necessity:	dökmeliyim, dökmelisin, dökmeli(dir) dökmeliyiz, dökmelisiniz, dökmeli(dir)ler
Optative: *(Subjunctive)*	dökeyim, dökesin, döke dökelim, dökesiniz, dökeler
Conditional:	döksem, döksen, dökse döksek, dökseniz, dökseler
Imperative:	dök, döksün dökün (dökünüz), döksünler

to go round, to circle, to roll, to
turn, to swerve, to return, to change

Aorist/Present:	dönerim, dönersin, döner döneriz, dönersiniz, dönerler
Present Progressive:	dönüyorum, dönüyorsun, dönüyor dönüyoruz, dönüyorsunuz, dönüyorlar
Future:	döneceğim, döneceksin, dönecek döneceğiz, döneceksiniz, dönecekler
Definite Past:	döndüm, döndün, döndü döndük, döndünüz, döndüler
Indefinite Past:	dönmüşüm, dönmüşsün, dönmüş dönmüşüz, dönmüşsünüz, dönmüşler
Necessity:	dönmeliyim, dönmelisin, dönmeli(dir) dönmeliyiz, dönmelisiniz, dönmeli(dir)ler
Optative: *(Subjunctive)*	döneyim, dönesin, döne dönelim, dönesiniz, döneler
Conditional:	dönsem, dönsen, dönse dönsek, dönseniz, dönseler
Imperative:	dön, dönsün dönün (dönünüz), dönsünler

to beat, to thrash, to pound

Aorist/Present:	döverim, döversin, döver döveriz, döversiniz, döverler
Present Progressive:	dövüyorum, dövüyorsun, dövüyor dövüyoruz, dövüyorsunuz, dövüyorlar
Future:	döveceğim, döveceksin, dövecek döveceğiz, döveceksiniz, dövecekler
Definite Past:	dövdüm, dövdün, dövdü dövdük, dövdünüz, dövdüler
Indefinite Past:	dövmüşüm, dövmüşsün, dövmüş dövmüşüz, dövmüşsünüz, dövmüşler
Necessity:	dövmeliyim, dövmelisin, dövmeli(dir) dövmeliyiz, dövmelisiniz, dövmeli(dir)ler
Optative: *(Subjunctive)*	döveyim, dövesin, döve dövelim, dövesiniz, döveler
Conditional:	dövsem, dövsen, dövse dövsek, dövseniz, dövseler
Imperative:	döv, dövsün dövün (dövünüz), dövsünler

to stop, to stand

Aorist/Present:	dururum, durursun, durur dururuz, durursunuz, dururlar
Present Progressive:	duruyorum, duruyorsun, duruyor duruyoruz, duruyorsunuz, duruyorlar
Future:	duracağım, duracaksın, duracak duracağız, duracaksınız, duracaklar
Definite Past:	durdum, durdun, durd**u** durduk, durdunuz, durdular
Indefinite Past:	durmuşum, durmuşsun, durmuş durmuşuz, durmuşsunuz, durmuşlar
Necessity:	durmalıyım, durmalısın, durmalı(dır) durmalıyız, durmalısınız, durmalı(dır)lar
Optative: *(Subjunctive)*	durayım, durasın, dura duralım, durasınız, duralar
Conditional:	dursam, dursan, dursa dursak, dursanız, dursalar
Imperative:	dur, dursun durun (durunuz), dursunlar

to feel, to sense, to hear

Aorist/Present:	duyarım, duyarsın, duyar
	duyarız, duyarsınız, duyarlar
Present Progressive:	duyuyorum, duyuyorsun, duyuyor
	duyuyoruz, duyuyorsunuz, duyuyorlar
Future:	duyacağım, duyacaksın, duyacak
	duyacağız, duyacaksınız, duyacaklar
Definite Past:	duydum, duydun, duydu
	duyduk, duydunuz, duydular
Indefinite Past:	duymuşum, duymuşsun, duymuş
	duymuşuz, duymuşsunuz, duymuşlar
Necessity:	duymalıyım, duymalısın, duymalı(dır)
	duymalıyız, duymalısınız, duymalı(dır)lar
Optative: *(Subjunctive)*	duyayım, duyasın, duya
	duyalım, duyasınız, duyalar
Conditional:	duysam, duysan, duysa
	duysak, duysanız, duysalar
Imperative:	duy, duysun
	duyun (duyunuz), duysunlar

to fall (down)

Aorist/Present:	düşerim, düşersin, düşer düşeriz, düşersiniz, düşerler
Present Progressive:	düşüyorum, düşüyorsun, düşüyor düşüyoruz, düşüyorsunuz, düşüyorlar
Future:	düşeceğim, düşeceksin, düşecek düşeceğiz, düşeceksiniz, düşecekler
Definite Past:	düştüm, düştün, düştü düştük, düştünüz, düştüler
Indefinite Past:	düşmüşüm, düşmüşsün, düşmüş düşmüşüz, düşmüşsünüz, düşmüşler
Necessity:	düşmeliyim, düşmelisin, düşmeli(dir) düşmeliyiz, düşmelisiniz, düşmeli(dir)ler
Optative: *(Subjunctive)*	düşeyim, düşesin, düşe düşelim, düşesiniz, düşeler
Conditional:	düşsem, düşsen, düşse düşsek, düşseniz, düşseler
Imperative:	düş, düşsün düşün, (düşünüz), düşsünler

to think, to ponder, to consider,
to be pensive

Aorist/Present: düşünürüm, düşünürsün, düşünür
düşünürüz, düşünürsünüz, düşünürler

Present Progressive: düşünüyorum, düşünüyorsun, düşünüyor
düşünüyoruz, düşünüyorsunuz, düşünüyorlar

Future: düşünüceğim, düşüneceksin, düşünecek
düşüneceğiz, düşünecekseniz, düşünecekler

Definite Past: düşündüm, düşündün, düşündü
düşündük, düşündünüz, düşündüler

Indefinite Past: düşünmüşüm, düşünmüşsün, düşünmüş
düşünmüşüz, düşünmüşsünüz, düşünmüşler

Necessity: düşünmeliyim, düşünmelisin, düşünmeli(dir)
düşünmeliyiz, düşünmelisiniz, düşünmeli(dir)ler

Optative:
(Subjunctive) düşüneyim, düşünesin, düşüne
düşünelim, düşünesiniz, düşüneler

Conditional: düşünsem, düşünsen, düşünse
düşünsek, düşünseniz, düşünseler

Imperative: _____ düşün, düşünsün
düşünün (düşününüz), düşünsünler

to have fun, to enjoy oneself,
to make fun of

Aorist/Present: eğlenirim, eğlenirsin, eğlenir
eğleniriz, eğlenirsiniz, eğlenirler

Present Progressive: eğleniyorum, eğleniyorsun, eğleniyor
eğleniyoruz, eğleniyorsunuz, eğleniyorlar

Future: eğleneceğim, eğleneceksin, eğlenecek
eğleneceğiz, eğleneceksiniz, eğlenecekler

Definite Past: eğlendim, eğlendin, eğlendi
eğlendik, eğlendiniz, eğlendiler

Indefinite Past: eğlenmişim, eğlenmişsin, eğlenmişler
eğlenmişiz, eğlenmişsiniz, eğlenmişler

Necessity: eğlenmeliyim, eğlenmelisin, eğlenmeli(dir)
eğlenmeliyiz, eğlenmelisiniz, eğlenmeli(dir)ler

Optative:
(Subjunctive) eğleneyim, eğlenesin, eğlene
eğlenelim, eğlenesiniz, eğleneler

Conditional: eğlensem, eğlensen, eğlense
eğlensek, eğlenseniz, eğlenseler

Imperative: _____ eğlen, eğlensin
eğlenin (eğleniniz), eğlensinler

to do, to make

Aorist/Present:	ederim, edersin, eder ederiz, edersiniz, ederler
Present Progressive:	ediyorum, ediyorsun, ediyor ediyoruz, ediyorsunuz, ediyorlar
Future:	edeceğim, edeceksin, edecek edeceğiz, edeceksiniz, edecekler
Definite Past:	ettim, ettin, etti ettik, ettiniz, ettiler
Indefinite Past:	etmişim, etmişsin, etmiş etmişiz, etmişsiniz, etmişler
Necessity:	etmeliyim, etmelisin, etmeli(dir) etmeliyiz, etmelisiniz, etmeli(dir)ler
Optative: *(Subjunctive)*	edeyim, edesin, ede edelim, edesiniz, edeler
Conditional:	etsem, etsen, etse etsek, etseniz, etseler
Imperative:	_____ et, etsin edin (ediniz), etsinler

to pass, to surpass,
to overtake

Aorist/Present: geçerim, geçersin, geçer
geçeriz, geçersiniz, geçerler

Present Progressive: geçiyorum, geçiyorsun, geçiyor
geçiyoruz, geçiyorsunuz, geçiyorlar

Future: geçeceğim, geçeceksin, geçecek
geçeceğiz, geçeceksiniz, geçecekler

Definite Past: geçtim, geçtin, geçti
geçtik, geçtiniz, geçtiler

Indefinite Past: geçmişim, geçmişsin, geçmiş
geçmişiz, geçmişsiniz, geçmişler

Necessity: geçmeliyim, geçmelisin, geçmeli(dir)
geçmeliyiz, geçmelisiniz, geçmeli(dir)ler

Optative: geçeyim, geçesin, geçe
(Subjunctive) geçelim, geçesiniz, geçeler

Conditional: geçsem, geçsen, geçse
geçsek, geçseniz, geçseler

Imperative: _____ geç, geçsin
geçin (geçiniz), geçsinler

to come, to arrive

Aorist/Present:	gelirim, gelirsin, gelir geliriz, gelirsiniz, gelirler
Present Progressive:	geliyorum, geliyorsun, geliyor geliyoruz, geliyorsunuz, geliyorlar
Future:	geleceğim, geleceksin, gelecek geleceğiz, geleceksiniz, gelecekler
Definite Past:	geldim, geldin, geldi geldik, geldiniz, geldiler
Indefinite Past:	gelmişim, gelmişsin, gelmiş gelmişiz, gelmişsiniz, gelmişler
Necessity:	gelmeliyim, gelmelisin, gelmeli(dir) gelmeliyiz, gelmelisiniz, gelmeli(dir)ler
Optative: *(Subjunctive)*	geleyim, gelesin, gele gelelim, gelesiniz, geleler
Conditional:	gelsem, gelsen, gelse gelsek, gelseniz, gelseler
Imperative:	gel, gelsin gelin (geliniz), gelsinler

to bring, to fetch

Aorist/Present:	getiririm, getirirsin, getirir getiririz, getirirsiniz, getirirler
Present Progressive:	getiriyorum, getiriyorsun, getiriyor getiriyoruz, getiriyorsunuz, getiriyorlar
Future:	getireceğim, getireceksin, getirecek getireceğiz, getireceksiniz, getirecekler
Definite Past:	getirdim, getirdin, getirdi getirdik, getirdiniz, getirdiler
Indefinite Past:	getirmişim, getirmişsin, getirmiş getirmişiz, getirmişsiniz, getirmişler
Necessity:	getirmeliyim, getirmelisin, getirmeli(dir) getirmeliyiz, getirmelisiniz, getirmeli(dir)ler
Optative: *(Subjunctive)*	getireyim, getiresin, getire getirelim, getiresiniz, getireler
Conditional:	getirsem, getirsen, getirse getirsek, getirseniz, getirseler
Imperative:	getir, getirsin getirin (getiriniz), getirsinler

to take a walk, to make a tour,
to go on an outing

Aorist/Present: gezerim, gezersin, gezer
gezeriz, gezersiniz, gezerler

Present Progressive: geziyorum, geziyorsun, geziyor
geziyoruz, geziyorsunuz, geziyorlar

Future: gezeceğim, gezeceksin, gezecek
gezeceğiz, gezeceksiniz, gezecekler

Definite Past: gezdim, gezdin, gezdi
gezdik, gezdiniz, gezdiler

Indefinite Past: gezmişim, gezmişsin, gezmiş
gezmişiz, gezmişsiniz, gezmişler

Necessity: gezmeliyim, gezmelisin, gezmeli(dir)
gezmeliyiz, gezmelisiniz, gezmeli(dir)ler

Optative: gezeyim, gezesin, geze
(Subjunctive) gezelim, gezesiniz, gezeler

Conditional: gezsem, gezsen, gezse
gezsek, gezseniz, gezseler

Imperative: _____ gez, gezsin
gezin (geziniz), gezsinler

to go in, to enter

Aorist/Present:	girerim, girersin, girer gireriz, girersiniz, girerler
Present Progressive:	giriyorum, giriyorsun, giriyor giriyoruz, giriyorsunuz, giriyorlar
Future:	gireceğim, gireceksin, girecek gireceğiz, gireceksiniz, girecekler
Definite Past:	girdim, girdin, girdi girdik, girdiniz, girdiler
Indefinite Past:	girmişim, girmişsin, girmiş girmişiz, girmişsiniz, girmişler
Necessity:	girmeliyim, girmelisin, girmeli(dir) girmeliyiz, girmelisiniz, girmeli(dir)ler
Optative: *(Subjunctive)*	gireyim, giresin, gire girelim, giresiniz, gireler
Conditional:	girsem, girsen, girse girsek, girseniz, girseler
Imperative:	———— gir, girsin girin (giriniz), girsinler

to go, to go away

Aorist/Present:	giderim, gidersin, gider gideriz, gidersiniz, giderler
Present Progressive:	gidiyorum, gidiyorsun, gidiyor gidiyoruz, gidiyorsunuz, gidiyorlar
Future:	gideceğim, gideceksin, gidecek gideceğiz, gideceksiniz, gidecekler
Definite Past:	gittim, gittin, gitti gittik, gittiniz, gittiler
Indefinite Past:	gitmişim, gitmişsin, gitmiş gitmişiz, gitmişsiniz, gitmişler
Necessity:	gitmeliyim, gitmelisin, gitmeli(dir) gitmeliyiz, gitmelisiniz, gitmeli(dir)ler
Optative: *(Subjunctive)*	gideyim, gidesin, gide gidelim, gidesiniz, gideler
Conditional:	gitsem, gitsen, gitse gitsek, gitseniz, gitseler
Imperative:	_____ git, gitsin gidin (gidiniz), gitsinler

to wear, to put on

Aorist/Present: giyerim, giyersin, giyer
giyeriz, giyersiniz, giyerler

Present Progressive: giyiyorum, giyiyorsun, giyiyor
giyiyoruz, giyiyorsunuz, giyiyorlar

Future: giyeceğim, giyeceksin, giyecek
giyeceğiz, giyeceksiniz, giyecekler

Definite Past: giydim, giydin, giydi
giydik, giydiniz, giydiler

Indefinite Past: giymişim, giymişsin, giymiş
giymişiz, giymişsiniz, giymişler

Necessity: giymeliyim, giymelisin, giymeli(dir)
giymeliyiz, giymelisiniz, giymeli(dir)ler

Optative: giyeyim, giyesin, giye
(Subjunctive) giyelim, giyesiniz, giyeler

Conditional: giysem, giysen, giyse
giysek, giyseniz, giyseler

Imperative: _____ giy, giysin
giyin (giyiniz), giysinler

to migrate, to die

Aorist/Present:	göçerim, göçersin, göçer göçeriz, göçersiniz, göçerler
Present Progressive:	göçüyorum, göçüyorsun, göçüyor göçüyoruz, göçüyorsunuz, göçüyorlar
Future:	göçeceğim, göçeceksin, göçecek göçeceğiz, göçeceksiniz, göçecekler
Definite Past:	göçtüm, göçtün, göçtü göçtük, göçtünüz, göçtüler
Indefinite Past:	göçmüşüm, göçmüşsün, göçmüş göçmüşüz, göçmüşsünüz, göçmüşler
Necessity:	göçmeliyim, göçmelisin, göçmeli(dir) göçmeliyiz, göçmelisiniz, göçmeli(dir)ler
Optative: *(Subjunctive)*	göçeyim, göçesin, göçe göçelim, göçesiniz, göçeler
Conditional:	göçsem, göçsen, göçse göçsek, göçseniz, göçseler
Imperative:	_____ göç, göçsün göçün (göçünüz), göçsünler

to bury

Aorist/Present:	gömerim, gömersin, gömer gömeriz, gömersiniz, gömerler
Present Progressive:	gömüyorum, gömüyorsun, gömüyor gömüyoruz, gömüyorsunuz, gömüyorlar
Future:	gömeceğim, gömeceksin, gömecek gömeceğiz, gömeceksiniz, gömecekler
Definite Past:	gömdüm, gömdün, gömdü gömdük, gömdünüz, gömdüler
Indefinite Past:	gömmüşüm, gömmüşsün, gömmüş gömmüşüz, gömmüşsünüz, gömmüşler
Necessity:	gömmeliyim, gömmelisin, gömmeli(dir) gömmeliyiz, gömmelisiniz, gömmeli(dir)ler
Optative: *(Subjunctive)*	gömeyim, gömesin, göme gömelim, gömesiniz, gömeler
Conditional:	gömsem, gömsen, gömse gömsek, gömseniz, gömseler
Imperative:	göm, gömsün gömün (gömünüz), gömsünler

göndermek

to send

Aorist/Present:	gönderirim, gönderirsin, gönderir göndeririz, gönderirsiniz, gönderirler
Present Progressive:	gönderiyorum, gönderiyorsun, gönderiyor gönderiyoruz, gönderiyorsunuz, gönderiyorlar
Future:	göndereceğim, göndereceksin, gönderecek göndereceğiz, göndereceksiniz, gönderecekler
Definite Past:	gönderdim, gönderdin, gönderdi gönderdik, gönderdiniz, gönderdiler
Indefinite Past:	göndermişim, göndermişsin, göndermiş göndermişiz, göndermişsiniz, göndermişler
Necessity:	göndermeliyim, göndermelisin, göndermeli(dir) göndermeliyiz, göndermelisiniz, göndermeli(dir)ler
Optative: *(Subjunctive)*	göndereyim, gönderesin, göndere gönderelim, gönderesiniz, göndereler
Conditional:	göndersem, göndersen, gönderse göndersek, gönderseniz, gönderseler
Imperative:	———— gönder, göndersin gönderin (gönderiniz), göndersinler

to see, to call upon,
to experience

Aorist/Present: görürüm, görürsün, görür
görürüz, görürsünüz, görürler

Present Progressive: görüyorum, görüyorsun, görüyor
görüyoruz, görüyorsunuz, görüyorlar

Future: göreceğim, göreceksin, görecek
göreceğiz, göreceksiniz, görecekler

Definite Past: gördüm, gördün, gördü
gördük, gördünüz, gördüler

Indefinite Past: görmüşüm, görmüşsün, görmüş
görmüşüz, görmüşsünüz, görmüşler

Necessity: görmeliyim, görmelisin, görmeli(dir)
görmeliyiz, görmelisiniz, görmeli(dir)ler

Optative: göreyim, göresin, göre
(Subjunctive) görelim, göresiniz, göreler

Conditional: görsem, görsen, görsen
görsek, görseniz, görseler

Imperative: _____ gör, görsün
görün (görünüz), görsünler

to appear, to seem, to come
in sight, to seem like

Aorist/Present: görünürüm, görünürsün, görünür
görünürüz, görünürsünüz, görünürler

Present Progressive: görünüyorum, görünüyorsun, görünüyor
görünüyoruz, görünüyorsunuz, görünüyorlar

Future: görüneceğim, görüneceksin, görünecek
görüneceğiz, görüneceksiniz, görünecekler

Definite Past: göründüm, göründün, göründü
göründük, göründünüz, göründüler

Indefinite Past: görünmüşüm, görünmüşsün, görünmüş
görünmüşüz, görünmüşsünüz, görünmüşler

Necessity: görünmeliyim, görünmelisin, görünmeli(dir)
görünmeliyiz, görünmelisiniz, görünmeli(dir)ler

Optative:
(Subjunctive) görüneyim, görünesin, görüne
görünelim, görünesiniz, görüneler

Conditional: görünsem, görünsen, görünse
görünsek, görünseniz, görünseler

Imperative: ———— görün, görünsün
görünün (görününüz), görünsünler

görüşmek

to meet, to discuss, to converse,
to have an interview

Aorist/Present:	görüşürüm, görüşürsün, görüşür görüşürüz, görüşürsünüz, görüşürler
Present Progressive:	görüşüyorum, görüşüyorsun, görüşüyor görüşüyoruz, görüşüyorsunuz, görüşüyorlar
Future:	görüşeceğim, görüşeceksin, görüşecek görüşeceğiz, görüşeceksiniz, görüşecekler
Definite Past:	görüştüm, görüştün, görüştü görüştük, görüştünüz, görüştüler
Indefinite Past:	görüşmüşüm, görüşmüşsün, görüşmüş görüşmüşüz, görüşmüşsünüz, görüşmüşler
Necessity:	görüşmeliyim, görüşmelisin, görüşmeli(dir) görüşmeliyiz, görüşmelisiniz, görüşmeli(dir)ler
Optative: *(Subjunctive)*	görüşeyim, görüşesin, görüşe görüşelim, görüşesiniz, görüşeler
Conditional:	görüşsem, görüşsen, görüşse görüşsek, görüşseniz, görüşseler
Imperative:	görüş, görüşsün görüşün (görüşünüz), görüşsünler

to show, to demonstrate,
to indicate, to point out

Aorist/Present: gösteririm, gösterirsin, gösterir
gösteririz, gösterirsiniz, gösterirler

Present Progressive: gösteriyorum, gösteriyorsun, gösteriyor
gösteriyoruz, gösteriyorsunuz, gösteriyorlar

Future: göstereceğim, göstereceksin, gösterecek
göstereceğiz, göstereceksiniz, gösterecekler

Definite Past: gösterdim, gösterdin, gösterdi
gösterdik, gösterdiniz, gösterdiler

Indefinite Past: göstermişim, göstermişsin, göstermiş
göstermişiz, göstermişsiniz, göstermişler

Necessity: göstermeliyim, göstermelisin, göstermeli(dir)
göstermeliyiz, göstermelisiniz,
göstermeli(dir)ler

Optative:
(S·.bjunctive) göstereyim, gösteresin, göstere
gösterelim, gösteresiniz, göstereler

Conditional: göstersem, göstersen, gösterse
göstersek, gösterseniz, gösterseler

Imperative: _____ göster, göstersin
gösterin (gösteriniz), göstersinler

76

götürmek

to take away, to carry
something to another place

Aorist/Present: götürürüm, götürürsün, götürür
götürürüz, götürürsünüz, götürürler

Present Progressive: götürüyorum, götürüyorsun, götürüyor
götürüyoruz, götürüyorsunuz, götürüyorlar

Future: götüreceğim, götüreceksin, götürecek
götüreceğiz, götüreceksiniz, götürecekler

Definite Past: götürdüm, götürdün, götürdü
götürdük, götürdünüz, götürdüler

Indefinite Past: götürmüşüm, götürmüşsün, götürmüş
götürmüşüz, götürmüşsünüz, götürmüşler

Necessity: götürmeliyim, götürmelisin, götürmeli(dir)
götürmeliyiz, götürmelisiniz, götürmeli(dir)ler

Optative: götüreyim, götüresin, götüre
(Subjunctive) götürelim, götüresiniz, götüreler

Conditional: götürsem, götürsen, götürse
götürsek, götürseniz, götürseler

Imperative: _____ götür, götürsün
götürün (götürünüz), götürsünler

77

to laugh

Aorist/Present:	gülerim, gülersin, güler güleriz, gülersiniz, gülerler
Present Progressive:	gülüyorum, gülüyorsun, gülüyor gülüyoruz, gülüyorsunuz, gülüyorlar
Future:	güleceğim, güleceksin, gülecek güleceğiz, güleceksiniz, gülecekler
Definite Past:	güldüm, güldün, güldü güldük, güldünüz, güldüler
Indefinite Past:	gülmüşüm, gülmüşsün, gülmüş gülmüşüz, gülmüşsünüz, gülmüşler
Necessity:	gülmeliyim, gülmelisin, gülmeli(dir) gülmeliyiz, gülmelisiniz, gülmeli(dir)ler
Optative: *(Subjunctive)*	güleyim, gülesin, güle gülelim, gülesiniz, güleler
Conditional:	gülsem, gülsen, gülse gülsek, gülseniz, gülseler
Imperative:	gül, gülsün gülün (gülünüz), gülsünler

to spend, to waste

Aorist/Present:	harcarım, harcarsın, harcar harcarız, harcarsınız, harcarlar
Present Progressive:	harcıyorum, harcıyorsun, harcıyor harcıyoruz, harcıyorsunuz, harcıyorlar
Future:	harcayacağım, harcayacaksın, harcayacak harcayacağız, harcayacaksınız, harcayacaklar
Definite Past:	harcadım, harcadın, harcadı harcadık, harcadınız, harcadılar
Indefinite Past:	harcamışım, harcamışsın, harcamış harcamışız, harcamışsınız, harcamışlar
Necessity:	harcamalıyım, harcamalısın, harcamalı(dır) harcamalıyız, harcamalısınız, harcamalı(dır)lar
Optative: *(Subjunctive)*	harcayayım, harcayasın, harcaya harcayalım, harcayasınız, harcayalar
Conditional:	harcasam, harcasan, harcasa harcasak, harcasanız, harcasalar
Imperative:	_____ harca, harcasın harcayın (harcayınız), harcasınlar

to remember

Aorist/Present:	hatırlarım, hatırlarsın, hatırlar hatırlarız, hatırlarsınız, hatırlarlar
Present Progressive:	hatırlıyorum, hatırlıyorsun, hatırlıyor hatırlıyoruz, hatırlıyorsunuz, hatırlıyorlar
Future:	hatırlayacağım, hatırlayacaksın, hatırlayacak hatırlayacağız, hatırlayacaksınız, hatırlayacaklar
Definite Past:	hatırladım, hatırladın, hatırladı hatırladık, hatırladınız, hatırladılar
Indefinite Past:	hatırlamışım, hatırlamışsın, hatırlamış hatırlamışız, hatırlamışsınız, hatırlamışlar
Necessity:	hatırlamalıyım, hatırlamalısın, hatırlamalı(dır) hatırlamalıyız, hatırlamalısınız, hatırlamalı(dır)lar
Optative: *(Subjunctive)*	hatırlayayım, hatırlayasın, hatırlaya hatırlayalım, hatırlayasınız, hatırlayalar
Conditional:	hatırlasam, hatırlasan, hatırlasa hatırlasak, hatırlasanız, hatırlasalar
Imperative:	hatırla, hatırlasın hatırlayın (hatırlayınız),hatırlasınlar

to like, to enjoy,
to derive pleasure from

Aorist/Present: hoşlanırım, hoşlanırsın, hoşlanır
hoşlanırız, hoşlanırsınız, hoşlanırlar

Present Progressive: hoşlanıyorum, hoşlanıyorsun, hoşlanıyor
hoşlanıyoruz, hoşlanıyorsunuz, hoşlanıyorlar

Future: hoşlanacağım, hoşlanacaksın, hoşlanacak
hoşlanacağız, hoşlanacaksınız, hoşlanacaklar

Definite Past: hoşlandım, hoşlandın, hoşlandı
hoşlandık, hoşlandınız, hoşlandılar

Indefinite Past: hoşlanmışım, hoşlanmışsın, hoşlanmış
hoşlanmışız, hoşlanmışsınız, hoşlanmışlar

Necessity: hoşlanmalıyım, hoşlanmalısın, hoşlanmalı(dır)
hoşlanmalıyız, hoşlanmalısınız,
hoşlanmalı(dır)lar

Optative:
(Subjunctive) hoşlanayım, hoşlanasın, hoşlana
hoşlanalım, hoşlanasınız, hoşlanalar

Conditional: hoşlansam, hoşlansan, hoşlansa
hoşlansak, hoşlansanız, hoşlansalar

Imperative: _____ hoşlan, hoşlansın
hoşlanın (hoşlanınız), hoşlansınlar

to drink, to smoke

Aorist/Present:	içerim, içersin, içer içeriz, içersiniz, içerler
Present Progressive:	içiyorum, içiyorsun, içiyor içiyoruz, içiyorsunuz, içiyorlar
Future:	içeceğim, içeceksin, içecek içeceğiz, içeceksiniz, içecekler
Definite Past:	içtim, içtin, içti içtik, içtiniz, içtiler
Indefinite Past:	içmişim, içmişsin, içmişler içmişiz, içmişsiniz, içmişler
Necessity:	içmeliyim, içmelisin, içmeli(dir) içmeliyiz, içmelisiniz, içmeli(dir)ler
Optative: *(Subjunctive)*	içeyim, içesin, içe içelim, içesiniz, içeler
Conditional:	içsem, içsen, içse içsek, içseniz, içseler
Imperative:	iç, içsin için (içiniz), içsinler

to believe, to trust,
to have faith

Aorist/Present: inanırım, inanırsın, inanır
inanırız, inanırsınız, inanırlar

Present Progressive: inanıyorum, inanıyorsun, inanıyor
inanıyoruz, inanıyorsunuz, inanıyorlar

Future: inanacağım, inanacaksın, inanacak
inanacağız, inanacaksınız, inanacaklar

Definite Past: inandım, inandın, inandı
inandık, inandınız, inandılar

Indefinite Past: inanmışım, inanmışsın, inanmış
inanmışız, inanmışsınız, inanmışlar

Necessity: inanmalıyım, inanmalısın, inanmalı(dır)
inanmalıyız, inanmalısınız, inanmalı(dır)lar

Optative:
(Subjunctive)   inanayım, inanasın, inana
inanalım, inanasınız, inanalar

Conditional: inansam, inansan, inansa
inansak, inansanız, inansalar

Imperative: inan, inansın
inanın (inanınız), inansınlar

to descend, to dismount,
to disembark, to decrease

Aorist/Present: inerim, inersin, iner
ineriz, inersiniz, inerler

Present Progressive: iniyorum, iniyorsun, iniyor
iniyoruz, iniyorsunuz, iniyorlar

Future: ineceğim, ineceksin, inecek
ineceğiz, ineceksiniz, inecekler

Definite Past: indim, indin, indi
indik, indiniz, indiler

Indefinite Past: inmişim, inmişsin, inmiş
inmişiz, inmişsiniz, inmişler

Necessity: inmeliyim, inmelisin, inmeli(dir)
inmeliyiz, inmelisiniz, inmeli(dir)ler

Optative:
(Subjunctive) ineyim, inesin, ine
inelim, inesiniz, ineler

Conditional: insem, insen, inse
insek, inseniz, inseler

Imperative: _____ in, insin
inin (ininiz), insinler

to want, to require, to need,
to desire, to demand

Aorist/Present: isterim, istersin, ister
isteriz, istersiniz, isterler

Present Progressive: istiyorum, istiyorsun, istiyor
istiyoruz, istiyorsunuz, istiyorlar

Future: isteyeceğim, isteyeceksin, isteyecek
isteyeceğiz, isteyeceksiniz, isteyecekler

Definite Past: istedim, istedin, istedi
istedik, istediniz, istediler

Indefinite Past: istemişim, istemişsin, istemiş
istemişiz, istemişsiniz, istemişler

Necessity: istemeliyim, istemelisin, istemeli(dir)
istemeliyiz, istemelisiniz, istemeli(dir)ler

Optative: isteyeyim, isteyesin, isteye
(Subjunctive) isteyelim, isteyesiniz, isteyeler

Conditional: istesem, istesen, istese
istesek, isteseniz, isteseler

Imperative: ———— iste, istesin
isteyin (isteyiniz), istesinler

to hear, to overhear,
to learn of

Aorist/Present: işitirim, işitirsin, işitir
işitiriz, işitirsiniz, işitirler

Present Progressive: işitiyorum, işitiyorsun, işitiyor
işitiyoruz, işitiyorsunuz, işitiyorlar

Future: işiteceğim, işiteceksin, işitecek
işiteceğiz, işiteceksiniz, işitecekler

Definite Past: işittim, işittin, işitti
işittik, işittiniz, işittiler

Indefinite Past: işitmişim, işitmişsin, işitmiş
işitmişiz, işitmişsiniz, işitmişler

Necessity: işitmeliyim, işitmelisin, işitmeli(dir)
işitmeliyiz, işitmelisiniz, işitmeli(dir)ler

Optative: işiteyim, işitesin, işite
(Subjunctive) işitelim, işitesiniz, işiteler

Conditional: işitsem, işitsen, işitse
işitsek, işitseniz, işitseler

Imperative: _____ işit, işitsin
işitin (işitiniz), işitsinler

to push

Aorist/Present:	iterim, itersin, iter
	iteriz, itersiniz, iterler
Present Progressive:	itiyorum, itiyorsun, itiyor
	itiyoruz, itiyorsunuz, itiyorlar
Future:	iteceğim, iteceksin, itecek
	iteceğiz, iteceksiniz, itecekler
Definite Past:	ittim, ittin, itti
	ittik, ittiniz, ittiler
Indefinite Past:	itmişim, itmişsin, itmiş
	itmişiz, itmişsiniz, itmişler
Necessity:	itmeliyim, itmelisin, itmeli(dir)
	itmeliyiz, itmelisiniz, itmeli(dir)ler
Optative:	iteyim, itesin, ite
(Subjunctive)	itelim, itesiniz, iteler
Conditional:	itsem, itsen, itse
	itsek, itseniz, itseler
Imperative:	it, itsin
	itin (itiniz), itsinler

to track, to follow,
to attend, to watch

Aorist/Present: izlerim, izlersin, izler
izleriz, izlersiniz, izlerler

Present Progressive: izliyorum, izliyorsun, izliyor
izliyoruz, izliyorsunuz, izliyorlar

Future: izleyeceğim, izleyeceksin, izleyecek
izleyeceğiz, izleyeceksiniz, izleyecekler

Definite Past: izledim, izledin, izledi
izledik, izlediniz, izlediler

Indefinite Past: izlemişim, izlemişsin, izlemiş
izlemişiz, izlemişsiniz, izlemişler

Necessity: izlemeliyim, izlemelisin, izlemeli(dir)
izlemeliyiz, izlemelisiniz, izlemeli(dir)ler

Optative: izleyeyim, izleyesin, izleye
(Subjunctive) izleyelim, izleyesiniz, izleyeler

Conditional: izlesem, izlesen, izlese
izlesek, izleseniz, izleseler

Imperative: izle, izlesin
izleyin (izleyiniz), izlesinler

to flee, to run away,
to escape

Aorist/Present: kaçarım, kaçarsın, kaçar
kaçarız, kaçarsınız, kaçarlar

Present Progressive: kaçıyorum, kaçıyorsun, kaçıyor
kaçıyoruz, kaçıyorsunuz, kaçıyorlar

Future: kaçacağım, kaçacaksın, kaçacak
kaçacağız, kaçacaksınız, kaçacaklar

Definite Past: kaçtım, kaçtın, kaçtı
kaçtık, kaçtınız, kaçtılar

Indefinite Past: kaçmışım, kaçmışsın, kaçmış
kaçmışız, kaçmışsınız, kaçmışlar

Necessity: kaçmalıyım, kaçmalısın, kaçmalı(dır)
kaçmalıyız, kaçmalısınız, kaçmalı(dır)lar

Optative: kaçayım, kaçasın, kaça
(Subjunctive) kaçalım, kaçasınız, kaçalar

Conditional: kaçsam, kaçsan, kaçsa
kaçsak, kaçsanız, kaçsalar

Imperative: _____ kaç, kaçsın
kaçın (kaçınız), kaçsınlar

	to get up, to stand up, to rise, to set out, to be removed, to be annulled
Aorist/Present:	kalkarım, kalkarsın, kalkar kalkarız, kalkarsınız, kalkarlar
Present Progressive:	kalkıyorum, kalkıyorsun, kalkıyor kalkıyoruz, kalkıyorsunuz, kalkıyorlar
Future:	kalkacağım, kalkacaksın, kalkacak kalkacağız, kalkacaksınız, kalkacaklar
Definite Past:	kalktım, kalktın, kalktı kalktık, kalktınız, kalktılar
Indefinite Past:	kalkmışım, kalkmışsın, kalkmış kalkmışız, kalkmışsınız, kalkmışlar
Necessity:	kalkmalıyım, kalkmalısın, kalkmalı(dır) kalkmalıyız, kalkmalısınız, kalkmalı(dır)lar
Optative: *(Subjunctive)*	kalkayım, kalkasın, kalka kalkalım, kalkasınız, kalkalar
Conditional:	kalksam, kalksan, kalksa kalksak, kalksanız, kalksalar
Imperative:	kalk, kalksın kalkın (kalkınız), kalksınlar

to stay, to remain, to flunk

Aorist/Present: kalırım, kalırsın, kalır
kalırız, kalırsınız, kalırlar

Present Progressive: kalıyorum, kalıyorsun, kalıyor
kalıyoruz, kalıyorsunuz, kalıyorlar

Future: kalacağım, kalacaksın, kalacak
kalacağız, kalacaksınız, kalacaklar

Definite Past: kaldım, kaldın, kaldı
kaldık, kaldınız, kaldılar

Indefinite Past: kalmışım, kalmışsın, kalmış
kalmışız, kalmışsınız, kalmışlar

Necessity: kalmalıyım, kalmalısın, kalmalı(dır)
kalmalıyız, kalmalısınız, kalmalı(dır)lar

Optative:
(Subjunctive) kalayım, kalasın, kala
kalalım, kalasınız, kalalar

Conditional: kalsam, kalsan, kalsa
kalsak, kalsanız, kalsalar

Imperative: —————— kal, kalsın
kalın (kalınız), kalsınlar

to shut, to close,
to cover up

Aorist/Present: kaparım, kaparsın, kapar
kaparız, kaparsınız, kaparlar

Present Progressive: kapıyorum, kapıyorsun, kapıyor
kapıyoruz, kapıyorsunuz, kapıyorlar

Future: kapayacağım, kapayacaksın, kapayacak
kapayacağız, kapayacaksınız, kapayacaklar

Definite Past: kapadım, kapadın, kapadı
kapadık, kapadınız, kapadılar

Indefinite Past: kapamışım, kapamışsın, kapamış
kapamışız, kapamışsınız, kapamışlar

Necessity: kapamalıyım, kapamalısın, kapamalı(dır)
kapamalıyız, kapamalısınız, kapamalı(dır)lar

Optative: kapayayım, kapayasın, kapaya
(Subjunctive) kapayalım, kapayasınız, kapayalar

Conditional: kapasam, kapasan, kapasa
kapasak, kapasanız, kapasalar

Imperative: ———— kapa, kapasın
kapayın (kapayınız), kapasınlar

to be mingled, to interfere,
to meddle, to become confused

Aorist/Present:	karışırım, karışırsın, karışır karışırız, karışırsınız, karışırlar
Present Progressive:	karışıyorum, karışıyorsun, karışıyor karışıyoruz, karışıyorsunuz, karışıyorlar
Future:	karışacağım, karışacaksın, karışacak karışacağız, karışacaksınız, karışacaklar
Definite Past:	karıştım, karıştın, karıştı karıştık, karıştınız, karıştılar
Indefinite Past:	karışmışım, karışmışsın, karışmış karışmışız, karışmışsınız, karışmışlar
Necessity:	karışmalıyım, karışmalısın, karışmalı(dır) karışmalıyız, karışmalısınız, karışmalı(dır)lar
Optative: *(Subjunctive)*	karışayım, karışasın, karışa karışalım, karışasınız, karışalar
Conditional:	karışsam, karışsan, karışsa karışsak, karışsanız, karışsalar
Imperative:	karış, karışsın karışın (karışınız), karışsınlar

to add to, to contribute

Aorist/Present:	katarım, katarsın, katar
	katarız, katarsınız, katarlar
Present Progressive:	katıyorum, katıyorsun, katıyor
	katıyoruz, katıyorsunuz, katıyorlar
Future:	katacağım, katacaksın, katacak
	katacağız, katacaksınız, katacaklar
Definite Past:	kattım, kattın, kattı
	kattık, kattınız, kattılar
Indefinite Past:	katmışım, katmışsın, katmış
	katmışız, katmışsınız, katmışlar
Necessity:	katmalıyım, katmalısın, katmalı(dır)
	katmalıyız, katmalısınız, katmalı(dır)lar
Optative: (Subjunctive)	katayım, katasın, kata
	katalım, katasınız, katalar
Conditional:	katsam, katsan, katsa
	katsak, katsanız, katsalar
Imperative:	———— kat, katsın
	katın (katınız), katsınlar

to glide, to slide, to slip,
to ski, to skate

Aorist/Present:	kayarım, kayarsın, kayar kayarız, kayarsınız, kayarlar
Present Progressive:	kayıyorum, kayıyorsun, kayıyor kayıyoruz, kayıyorsunuz, kayıyorlar
Future:	kayacağım, kayacaksın, kayacak kayacağız, kayacaksınız, kayacaklar
Definite Past:	kaydım, kaydın, kaydı kaydık, kaydınız, kaydılar
Indefinite Past:	kaymışım, kaymışsın, kaymış kaymışız, kaymışsınız, kaymışlar
Necessity:	kaymalıyım, kaymalısın, kaymalı(dır) kaymalıyız, kaymalısınız, kaymalı(dır)lar
Optative: *(Subjunctive)*	kayayım, kayasın, kaya kayalım, kayasınız, kayalar
Conditional:	kaysam, kaysan, kaysa kaysak, kaysanız, kaysalar
Imperative:	kay, kaysın kayın (kayınız), kaysınlar

to win, to gain, to earn,
to make a profit

Aorist/Present: kazanırım, kazanırsın, kazanır
kazanırız, kazanırsınız, kazanırlar

Present Progressive: kazanıyorum, kazanıyorsun, kazanıyor
kazanıyoruz, kazanıyorsunuz, kazanıyorlar

Future: kazanacağım, kazanacaksın, kazanacak
kazanacağız, kazanacaksınız, kazanacaklar

Definite Past: kazandım, kazandın, kazandı
kazandık, kazandınız, kazandılar

Indefinite Past: kazanmışım, kazanmışsın, kazanmış
kazanmışız, kazanmışsınız, kazanmışlar

Necessity: kazanmalıyım, kazanmalısın, kazanmalı(dır)
kazanmalıyız, kazanmalısınız, kazanmalı(dır)lar

Optative: kazanayım, kazanasın, kazana
(Subjunctive) kazanalım, kazanasınız, kazanalar

Conditional: kazansam, kazansan, kazansa
kazansak, kazansanız, kazansalar

Imperative: ———— kazan, kazansın
kazanın (kazanınız), kazansınlar

to cut, to sever, to interrupt

Aorist/Present:	keserim, kesersin, keser keseriz, kesersiniz, keserler
Present Progressive:	kesiyorum, kesiyorsun, kesiyor kesiyoruz, kesiyorsunuz, kesiyorlar
Future:	keseceğim, keseceksin, kesecek keseceğiz, keseceksiniz, kesecekler
Definite Past:	kestim, kestin, kesti kestik, kestiniz, kestiler
Indefinite Past:	kesmişim, kesmişsin, kesmiş kesmişiz, kesmişsiniz, kesmişler
Necessity:	kesmeliyim, kesmelisin, kesmeli(dir) kesmeliyiz, kesmelisiniz, kesmeliler
Optative: *(Subjunctive)*	keseyim, kesesin, kese keselim, kesesiniz, keseler
Conditional:	kessem, kessen, kesse kessek, kesseniz, kesseler
Imperative:	kes, kessin kesin (kesiniz), kessinler

to break, to split,
to hurt someone's feeling

Aorist/Present: kırarım, kırarsan, kırar
kırarız, kırarsınız, kırarlar

Present Progressive: kırıyorum, kırıyorsun, kırıyor
kırıyoruz, kırıyorsunuz, kırıyorlar

Future: kıracağım, kıracaksın, kıracak
kıracağız, kıracaksınız, kıracaklar

Definite Past: kırdım, kırdın, kırdı
kırdık, kırdınız, kırdılar

Indefinite Past: kırmışım, kırmışsın, kırmış
kırmışız, kırmışsınız, kırmışlar

Necessity: kırmalıyım, kırmalısın, kırmalı(dır)
kırmalıyız, kırmalısınız, kırmalı(dır)lar

Optative:
(Subjunctive) kırayım, kırasın, kıra
kıralım, kırasınız, kıralar

Conditional: kırsam, kırsan, kırsa
kırsak, kırsanız, kırsalar

Imperative: _____ kır, kırsın
kırın (kırınız), kırsınlar

to get angry, to get hot

Aorist/Present:	kızarım, kızarsın, kızar kızarız, kızarsınız, kızarlar
Present Progressive:	kızıyorum, kızıyorsun, kızıyor kızıyoruz, kızıyorsunuz, kızıyorlar
Future:	kızacağım, kızacaksın, kızacak kızacağız, kızacaksınız, kızacaklar
Definite Past:	kızdım, kızdın, kızdı kızdık, kızdınız, kızdılar
Indefinite Past:	kızmışım, kızmışsın, kızmış kızmışız, kızmışsınız, kızmışlar
Necessity:	kızmalıyım, kızmalısın, kızmalı(dır) kızmalıyız, kızmalısınız, kızmalı(dır)lar
Optative: *(Subjunctive)*	kızayım, kızasın, kıza kızalım, kızasınız, kızalar
Conditional:	kızsam, kızsan, kızsa kızsak, kızsanız, kızsalar
Imperative:	kız, kızsın kızın (kızınız), kızsınlar

to have a smell, to stink,
to go bad

Aorist/Present: kokarım, kokarsın, kokar
kokarız, kokarsınız, kokarlar

Present Progressive: kokuyorum, kokuyorsun, kokuyor
kokuyoruz, kokuyorsunuz, kokuyorlar

Future: kokacağım, kokacaksın, kokacak
kokacağız, kokacaksınız, kokacaklar

Definite Past: koktum, koktun, koktu
koktuk, koktunuz, koktular

Indefinite Past: kokmuşum, kokmuşsun, kokmuş
kokmuşuz, kokmuşsunuz, kokmuşlar

Necessity: kokmalıyım, kokmalısın, kokmalı(dır)
kokmalıyız, kokmalısınız, kokmalı(dır)lar

Optative: kokayım, kokasın, koka
(Subjunctive) kokalım, kokasınız, kokalar

Conditional: koksam, koksan, koksa
koksak, koksanız, koksalar

Imperative: —————— kok, koksun
kokun (kokunuz), koksunlar

to talk, to converse,
to give a talk

Aorist/Present: konuşurum, konuşursun, konuşur
konuşuruz, konuşursunuz, konuşurlar

Present Progressive: konuşuyorum, konuşuyorsun, konuşuyor
konuşuyoruz, konuşuyorsunuz, konuşuyorlar

Future: konuşacağım, konuşacaksın, konuşacak
konuşacağız, konuşacaksınız, konuşacaklar

Definite Past: konuştum, konuştun, konuştu
konuştuk, konuştunuz, konuştular

Indefinite Past: konuşmuşum, konuşmuşsun, konuşmuş
konuşmuşuz, konuşmuşsunuz, konuşmuşlar

Necessity: konuşmalıyım, konuşmalısın, konuşmalı(dır)
konuşmalıyız, konuşmalısınız, konuşmalı(dır)lar

Optative: konuşayım, konuşasın, konuşa
(Subjunctive) konuşalım, konuşasınız, konuşalar

Conditional: konuşsam, konuşsen, konuşsa
konuşsak, konuşsanız, konuşsalar

Imperative: _____ konuş, konuşsun
konuşun (konuşunuz), konuşsunlar

to break off, to snap

Aorist/Present:	koparım, koparsın, kopar koparız, koparsınız, koparlar
Present Progressive:	kopuyorum, kopuyorsun, kopuyor kopuyoruz, kopuyorsunuz, kopuyorlar
Future:	kopacağım, kopacaksın, kopacak kopacağız, kopacaksınız, kopacaklar
Definite Past:	koptum, koptun, koptu koptuk, koptunuz, koptular
Indefinite Past:	kopmuşum, kopmuşsun, kopmuş kopmuşuz, kopmuşsunuz, kopmuşlar
Necessity:	kopmalıyım, kopmalısın, kopmalı(dır) kopmalıyız, kopmalısınız, kopmalı(dır)lar
Optative: *(Subjunctive)*	kopayım, kopasın, kopa kopalım, kopasınız, kopalar
Conditional:	kopsam, kopsan, kopsa kopsak, kopsanız, kopsalar
Imperative:	kop, kopsun kopun (kopunuz), kopsunlar

to be afraid, to fear

Aorist/Present:	korkarım, korkarsın, korkar korkarız, korkarsınız, korkarlar
Present Progressive:	korkuyorum, korkuyorsun, korkuyor korkuyoruz, korkuyorsunuz, korkuyorlar
Future:	korkacağım, korkacaksın, korkacak korkacağız, korkacaksınız, korkacaklar
Definite Past:	korktum, korktun, korktu korktuk, korktunuz, korktular
Indefinite Past:	korkmuşum, korkmuşsun, korkmuş korkmuşuz, korkmuşsunuz, korkmuşlar
Necessity:	korkmalıyım, korkmalısın, korkmalı(dır) korkmalıyız, korkmalısınız, korkmalı(dır)lar
Optative: *(Subjunctive)*	korkayım, korkasın, korka korkalım, korkasınız, korkalar
Conditional:	korksam, korksan, korksa korksak, korksanız, korksalar
Imperative:	———— kork, korksun korkun (korkunuz), korksunlar

to protect, to safeguard,
to defend

Aorist/Present:	korurum, korursun, korur koruruz, korursunuz, korurlar
Present Progressive:	koruyorum, koruyorsun, koruyor koruyoruz, koruyorsunuz, koruyorlar
Future:	koruyacağım, koruyacaksın, koruyacak koruyacağız, koruyacaksınız, koruyacaklar
Definite Past:	korudum, korudun, korudu koruduk, korudunuz, korudular
Indefinite Past:	korumuşum, korumuşsun, korumuş korumuşuz, korumuşsunuz, korumuşlar
Necessity:	korumalıyım, korumalısın, korumalı(dır) korumalıyız, korumalısınız, korumalı(dır)lar
Optative: *(Subjunctive)*	koruyayım, koruyasın, koruya koruyalım, koruyasınız, koruyalar
Conditional:	korusam, korusan, korusa korusak, korusanız, korusalar
Imperative:	_____ koru, korusun koruyun (koruyunuz), korusunlar

to run, to rush

Aorist/Present:	koşarım, koşarsın, koşar koşarız, koşarsınız, koşarlar
Present Progressive:	koşuyorum, koşuyorsun, koşuyor koşuyoruz, koşuyorsunuz, koşuyorlar
Future:	koşacağım, koşacaksın, koşacak koşacağız, koşacaksınız, koşacaklar
Definite Past:	koştum, koştun, koştu koştuk, koştunuz, koştular
Indefinite Past:	koşmuşum, koşmuşsun, koşmuş koşmuşuz, koşmuşsunuz, koşmuşlar
Necessity:	koşmalıyım, koşmalısın, koşmalı(dır) koşmalıyız, koşmalısınız, koşmalı(dır)lar
Optative: *(Subjunctive)*	koşayım, koşasın, koşa koşalım, koşasınız, koşalar
Conditional:	koşsam, koşsan, koşsa koşsak, koşsanız, koşsalar
Imperative:	koş, koşsun koşun (koşunuz), koşsunlar

to drive away, to discharge

Aorist/Present:	kovarım, kovarsın, kovar kovarız, kovarsınız, kovarlar
Present Progressive:	kovuyorum, kovuyorsun, kovuyor kovuyoruz, kovuyorsunuz, kovuyorlar
Future:	kovacağım, kovacaksın, kovacak kovacağız, kovacaksınız, kovacaklar
Definite Past:	kovdum, kovdun, kovdu kovduk, kovdunuz, kovdular
Indefinite Past:	kovmuşum, kovmuşsun, kovmuş kovmuşuz, kovmuşsunuz, kovmuşlar
Necessity:	kovmalıyım, kovmalısın, kovmalı(dır) kovmalıyız, kovmalısınız, kovmalı(dır)lar
Optative: *(Subjunctive)*	kovayım, kovasın, kova kovalım, kovasınız, kovalar
Conditional:	kovsam, kovsan, kovsa kovsak, kovsanız, kovsalar
Imperative:	———— kov, kovsun kovun (kovunuz), kovsunlar

---

koymak

to put, to place, to set,
to let go

Aorist/Present: koyarım, koyarsın, koyar
koyarız, koyarsınız, koyarlar

Present Progressive: koyuyorum, koyuyorsun, koyuyor
koyuyoruz, koyuyorsunuz, koyuyorlar

Future: koyacağım, koyacaksın, koyacak
koyacağız, koyacaksınız, koyacaklar

Definite Past: koydum, koydun, koydu
koyduk, koydunuz, koydular

Indefinite Past: koymuşum, koymuşsun, koymuş
koymuşuz, koymuşsunuz, koymuşlar

Necessity: koymalıyım, koymalısın, koymalı(dır)
koymalıyız, koymalısınız, koymalı(dır)lar

Optative: koyayım, koyasın, koya
(Subjunctive) koyalım, koyasınız, koyalar

Conditional: koysam, koysan, koysa
koysak, koysanız, koysalar

Imperative: koy, koysun
koyun (koyunuz), koysunlar

to use, to drive (a car),
to take something habitually

Aorist/Present: kullanırım, kullanırsın, kullanır
kullanırız, kullanırsınız, kullanırlar

Present Progressive: kullanıyorum, kullanıyorsun, kullanıyor
kullanıyoruz, kullanıyorsunuz, kullanıyorlar

Future: kullanacağım, kullanacaksın, kullanacak
kullanacağız, kullanacaksınız, kullanacaklar

Definite Past: kullandım, kullandın, kullandı
kullandık, kullandınız, kullandılar

Indefinite Past: kullanmışım, kullanmışsın, kullanmış
kullanmışız, kullanmışsınız, kullanmışlar

Necessity: kullanmalıyım, kullanmalısın, kullanmalı(dır)
kullanmalıyız, kullanmalısınız,
kullanmalı(dır)lar

Optative:
(Subjunctive) kullanayım, kullanasın, kullana
kullanalım, kullanasınız, kullanalar

Conditional: kullansam, kullansan, kullansa
kullansak, kullansanız, kullansalar

Imperative: ——— kullan. kullansın
kullanın (kullanınız), kullansınlar

to set up, to establish, to meditate,
to plan, to brood over, to wind (clock)

Aorist/Present: kurarım, kurarsın, kurar
kurarız, kurarsınız, kurarlar

Present Progressive: kuruyorum, kuruyorsun, kuruyor
kuruyoruz, kuruyorsunuz, kuruyorlar

Future: kuracağız, kuracaksınız, kuracaklar
kuracağız, kuracaksınız, kuracaklar

Definite Past: kurdum, kurdun, kurdu
kurduk, kurdunuz, kurdular

Indefinite Past: kurmuşuz, kurmuşsunuz, kurmuşlar
kurmuşum, kurmuşsun, kurmuş

Necessity: kurmalıyım, kurmalısın, kurmalı(dır)
kurmalıyız, kurmalısınız, kurmalı(dır)lar

Optative: kurayım, kurasın, kura
(Subjunctive) kuralım, kurasınız, kuralar

Conditional: kursam, kursan, kursa
kursak, kursanız, kursalar

Imperative: kur, kursun
kurun (kurunuz), kursunlar

to save, to rescue, to redeem

Aorist/Present: kurtarırım, kurtarırsın, kurtarır
kurtarırız, kurtarırsınız, kurtarırlar

Present Progressive: kurtarıyorum, kurtarıyorsun, kurtarıyor
kurtarıyoruz, kurtarıyorsunuz, kurtarıyorlar

Future: kurtaracağım, kurtaracaksın, kurtaracak
kurtaracağız, kurtaracaksınız, kurtaracaklar

Definite Past: kurtardım, kurtardın, kurtardı
kurtardık, kurtardınız, kurtardılar

Indefinite Past: kurtarmışım, kurtarmışsın, kurtarmış
kurtarmışız, kurtarmışsınız, kurtarmışlar

Necessity: kurtarmalıyım, kurtarmalısın, kurtarmalı(dır)
kurtarmalıyız, kurtarmalısınız,
kurtarmalı(dır)lar

Optative:
(Subjunctive) kurtarayım, kurtarasın, kurtara
kurtaralım, kurtarasınız, kurtaralar

Conditional: kurtarsam, kurtarsan, kurtarsa
kurtarsak, kurtarsanız, kurtarsalar

Imperative: _____ kurtar, kurtarsın
kurtarın (kurtarınız), kurtarsınlar

to be suspicious

Aorist/Present: kuşkulanırım, kuşkulanırsın, kuşkulanır
kuşkulanırız, kuşkulanırsınız, kuşkulanırlar

resent Progressive: kuşkulanıyorum, kuşkulanıyorsun, kuşkulanıyor
kuşkulanıyoruz, kuşkulanıyorsunuz,
kuşkulanıyorlar

Future: kuşkulanacağım, kuşkulanacaksın, kuşkulanacak
kuşkulanacağız, kuşkulanacaksınız,
kuşkulanacaklar

Definite Past: kuşkulandım, kuşkulandın, kuşkulandı
kuşkulandık, kuşkulandınız, kuşkulandılar

Indefinite Past: kuşkulanmışım, kuşkulanmışsın, kuşkulanmış
kuşkulanmışız, kuşkulanmışsınız, kuşkulanmışlar

Necessity: kuşkulanmalıyım, kuşkulanmalısın,
kuşkulanmalı(dır)
kuşkulanmalıyız, kuşkulanmalısınız,
kuşkulanmalı(dır)lar

Optative:
(Subjunctive) kuşkulanayım, kuşkulanasın, kuşkulana
kuşkulanalım, kuşkulanasınız, kuşkulanalar

Conditional: kuşkulansam, kuşkulansan, kuşkulansa
kuşkulansak, kuşkulansanız, kuşkulansalar

Imperative: ———— kuşkulan, kuşkulansın
kuşkulanın (kuşkulanınız), kuşkulansınlar

111

to be offended, to sulk,
to stop being friends

Aorist/Present:	küserim, küsersin, küser küseriz, küsersiniz, küserler
Present Progressive:	küsüyorum, küsüyorsun, küsüyor küsüyoruz, küsüyorsunuz, küsüyorlar
Future:	küseceğim, küseceksin, küsecek küseceğiz, küseceksiniz, küsecekler
Definite Past:	küstüm, küstün, küstü küstük, küstünüz, küstüler
Indefinite Past:	küsmüşüm, küsmüşsün, küsmüş küsmüşüz, küsmüşsünüz, küsmüşler
Necessity:	küsmeliyim, küsmelisin, küsmeli(dir) küsmeliyiz, küsmelisiniz, küsmeli(dir)ler
Optative: *(Subjunctive)*	küseyim, küsesin, küse küselim, küsesiniz, küseler
Conditional:	küssem, küssen, küsse küssek, küsseniz, küsseler
Imperative:	küs, küssün küsün (küsünüz), küssünler

to read, to study, to get
an education

Aorist/Present: okurum, okursun, okur
okuruz, okursunuz, okurlar

Present Progressive: okuyorum, okuyorsun, okuyor
okuyoruz, okuyorsunuz, okuyorlar

Future: okuyacağım, okuyacaksın, okuyacak
okuyacağız, okuyacaksınız, okuyacaklar

Definite Past: okudum, okudun, okudu
okuduk, okudunuz, okudular

Indefinite Past: okumuşum, okumuşsun, okumuş
okumuşuz, okumuşsunuz, okumuşlar

Necessity: okumalıyım, okumalısın, okumalı(dır)
okumalıyız, okumalısınız, okumalı(dır)lar

Optative: okuyayım, okuyasın, okuya
(Subjunctive) okuyalım, okuyasınız, okuyalar

Conditional: okusam, okusan, okusa
okusak, okusanız, okusalar

Imperative: _____ oku, okusun
okuyun (okuyunuz), okusunlar

	to be, to exist, to occur, to happen, to become, to have, to ripen
Aorist/Present:	olurum, olursun, olur oluruz, olursunuz, olurlar
Present Progressive:	oluyorum, oluyorsun, oluyor oluyoruz, oluyorsunuz, oluyorlar
Future:	olacağım, olacaksın, olacak olacağız, olacaksınız, olacaklar
Definite Past:	oldum, oldun, oldu olduk, oldunuz, oldular
Indefinite Past:	olmuşum, olmuşsun, olmuş olmuşuz, olmuşsunuz, olmuşlar
Necessity:	olmalıyım, olmalısın, olmalı(dır) olmalıyız, olmalısınız, olmalı(dır)lar
Optative: *(Subjunctive)*	olayım, olasın, ola olalım, olasınız, olalar
Conditional:	olsam, olsan, olsa olsak, olsanız, olsalar
Imperative:	ol, olsun olun (olunuz), olsunlar

to sit, to reside

Aorist/Present:	otururum, oturursun, oturur otururuz, oturursunuz, otururlar
Present Progressive:	oturuyorum, oturuyorsun, oturuyor oturuyoruz, oturuyorsunuz, oturuyorlar
Future:	oturacağım, oturacaksın, oturacak oturacağız, oturacaksınız, oturacaklar
Definite Past:	oturdum, oturdun, oturdu oturduk, oturdunuz, oturdular
Indefinite Past:	oturmuşum, oturmuşsun, oturmuş oturmuşuz, oturmuşsunuz, oturmuşlar
Necessity:	oturmalıyım, oturmalısın, oturmalı(dır) oturmalıyız, oturmalısınız, oturmalı(dır)lar
Optative: *(Subjunctive)*	oturayım, oturasın, otura oturalım, oturasınız, oturalar
Conditional:	otursam, otursan, otursa otursak, otursanız, otursalar
Imperative:	_____ otur, otursun oturun (oturunuz), otursunlar

to play, to dance, to gamble,
to act (in a play), to move

Aorist/Present: oynarım, oynarsın, oynar
oynarız, oynarsınız, oynarlar

Present Progressive: oynuyorum, oynuyorsun, oynuyor
oynuyoruz, oynuyorsunuz, oynuyorlar

Future: oynayacağım, oynayacaksın, oynayacak
oynayacağız, oynayacaksınız, oynayacaklar

Definite Past: oynadım, oynadın, oynadı
oynadık, oynadınız, oynadılar

Indefinite Past: oynamışım, oynamışsın, oynamış
oynamışız, oynamışsınız, oynamışlar

Necessity: oynamalıyım, oynamalısın, oynamalı(dır)
oynamalıyız, oynamalısınız, oynamalı(dır)lar

Optative:
(Subjunctive) oynayayım, oynayasın, oynaya
oynayalım, oynayasınız, oynayalar

Conditional: oynasam, oynasan, oynasa
oynasak, oynasanız, oynasalar

Imperative: ———— oyna, oynasın
oynayın (oynayınız), oynasınlar

to pay, to remit

Aorist/Present:	öderim, ödersin, öder öderiz, ödersiniz, öderler
Present Progressive:	ödüyorum, ödüyorsun, ödüyor ödüyoruz, ödüyorsunuz, ödüyorlar
Future:	ödeyeceğim, ödeyeceksin, ödeyecek ödeyeceğiz, ödeyeceksiniz, ödeyecekler
Definite Past:	ödedim, ödedin, ödedi ödedik, ödediniz, ödediler
Indefinite Past:	ödemişim, ödemişsin, ödemiş ödemişiz, ödemişsiniz, ödemişler
Necessity:	ödemeliyim, ödemelisin, ödemeli(dir) ödemeliyiz, ödemelisiniz, ödemeli(dir)ler
Optative: *(Subjunctive)*	ödeyeyim, ödeyesin, ödeye ödeyelim, ödeyesiniz, ödeyeler
Conditional:	ödesem, ödesen, ödese ödesek, ödeseniz, ödeseler
Imperative:	öde, ödesin ödeyin (ödeyiniz), ödesinler

to learn, to become informed

Aorist/Present:	öğrenirim, öğrenirsin, öğrenir öğreniriz, öğrenirsiniz, öğrenirler
Present Progressive:	öğreniyorum, öğreniyorsun, öğreniyor öğreniyoruz, öğreniyorsunuz, öğreniyorlar
Future:	öğreneceğim, öğreneceksin, öğrenecek öğreneceğiz, öğrenecekiniz, öğrenecekler
Definite Past:	öğrendim, öğrendin, öğrendi öğrendik, öğrendiniz, öğrendiler
Indefinite Past:	öğrenmişim, öğrenmişsin, öğrenmiş öğrenmişiz, öğrenmişsiniz, öğrenmişler
Necessity:	öğrenmeliyim, öğrenmelisin, öğrenmeli(dir) öğrenmeliyiz, öğrenmelisiniz, öğrenmeli(dir)ler
Optative: *(Subjunctive)*	öğreneyim, öğrenesin, öğrene öğrenelim, öğrenesiniz, öğreneler
Conditional:	öğrensem, öğrensen, öğrense öğrensek, öğrenseniz, öğrenseler
Imperative:	öğren, öğrensin öğrenin (öğreniniz), öğrensinler

to cough

Aorist/Present:	öksürürüm, öksürürsün, öksürür öksürürüz, öksürürsünüz, öksürürler
Present Progressive:	öksürüyorum, öksürüyorsun, öksürüyor öksürüyoruz, öksürüyorsunuz, öksürüyorlar
Future:	öksüreceğim, öksüreceksin, öksürecek öksüreceğiz, öksüreceksiniz, öksürecekler
Definite Past:	öksürdüm, öksürdün, öksürdü öksürdük, öksürdünüz, öksürdüler
Indefinite Past:	öksürmüşüm, öksürmüşsün, öksürmüş öksürmüşüz, öksürmüşsünüz, öksürmüşler
Necessity:	öksürmeliyim, öksürmelisin, öksürmeli öksürmeliyiz, öksürmelisiniz, öksürmeli(dir)ler
Optative: *(Subjunctive)*	öksüreyim, öksüresin, öksüre öksürelim, öksüresiniz, öksüreler
Conditional:	öksürsem, öksürsen, öksürse öksürsek, öksürseniz, öksürseler
Imperative:	_____ öksür, öksürsün _____ öksürün (öksürünüz), öksürsünler

to measure, to weigh

Aorist/Present:	ölçerim, ölçersin, ölçer ölçeriz, ölçersiniz, ölçerler
Present Progressive:	ölçüyorum, ölçüyorsun, ölçüyor ölçüyoruz, ölçüyorsunuz, ölçüyorlar
Future:	ölçeceğim, ölçeceksin, ölçecek ölçeceğiz, ölçeceksiniz, ölçecekler
Definite Past:	ölçtüm, ölçtün, ölçtü ölçtük, ölçtünüz, ölçtüler
Indefinite Past:	ölçmüşüm, ölçmüşsün, ölçmüş ölçmüşüz, ölçmüşsünüz, ölçmüşler
Necessity:	ölçmeliyim, ölçmelisin, ölçmeli(dir) ölçmeliyiz, ölçmelisiniz, ölçmeli(dir)ler
Optative: *(Subjunctive)*	ölçeyim, ölçesin, ölçe ölçelim, ölçesiniz, ölçeler
Conditional:	ölçsem, ölçsen, ölçse ölçsek, ölçseniz, ölçseler
Imperative:	ölç, ölçsün ölçün (ölçünüz), ölçsünler

to die

Aorist/Present:	ölürüm, ölürsün, ölür ölürüz, ölürsünüz, ölürler
Present Progressive:	ölüyorum, ölüyorsun, ölüyor ölüyoruz, ölüyorsunuz, ölüyorlar
Future:	öleceğim, öleceksin, ölecek öleceğiz, öleceksiniz, ölecekler
Definite Past:	öldüm, öldün, öldü öldük, öldünüz, öldüler
Indefinite Past:	ölmüşüm, ölmüşsün, ölmüş ölmüşüz, ölmüşsünüz, ölmüşler
Necessity:	ölmeliyim, ölmelisin, ölmeli(dir) ölmeliyiz, ölmelisiniz, ölmeli(dir)ler
Optative: *(Subjunctive)*	öleyim, ölesin, öle ölelim, ölesiniz, öleler
Conditional:	ölsem, ölsen, ölse ölsek, ölseniz, ölseler
Imperative:	öl, ölsün ölün (ölünüz), ölsünler

to prevent, to forestall

Aorist/Present:	önlerim, önlersin, önler önleriz, önlersiniz, önlerler
Present Progressive:	önlüyorum, önlüyorsun, önlüyor önlüyoruz, önlüyorsunuz, önlüyorlar
Future:	önleyeceğim, önleyeceksin, önleyecek önleyeceğiz, önleyeceksiniz, önleyecekler
Definite Past:	önledim, önledin, önledi önledik, önlediniz, önlediler
Indefinite Past:	önlemişim, önlemişsin, önlemiş önlemişiz, önlemişsiniz, önlemişler
Necessity:	önlemeliyim, önlemelisin, önlemeli(dir) önlemeliyiz, önlemelisiniz, önlemeli(dir)ler
Optative: *(Subjunctive)*	önleyeyim, önleyesin, önleye önleyelim, önleyesiniz, önleyeler
Conditional:	önlesem, önlesen, önlese önlesek, önleseniz, önleseler
Imperative:	önle, önlesin önleyin,(önleyiniz), önlesinler

to kiss

Aorist/Present:	öperim, öpersin, öper öperiz, öpersiniz, öperler
Present Progressive:	öpüyorum, öpüyorsun, öpüyor öpüyoruz, öpüyorsunuz, öpüyorlar
Future:	öpeceğim, öpeceksin, öpecek öpeceğiz, öpeceksiniz, öpecekler
Definite Past:	öptüm, öptün, öptü öptük, öptünüz, öptüler
Indefinite Past:	öpmüşüm, öpmüşsün, öpmüş öpmüşüz, öpmüşsünüz, öpmüşler
Necessity:	öpmeliyim, öpmelisin, öpmeli(dir) öpmeliyiz, öpmelisiniz, öpmeli(dir)ler
Optative: *(Subjunctive)*	öpeyim, öpesin, öpe öpelim, öpesiniz, öpeler
Conditional:	öpsem, öpsen, öpse öpsek, öpseniz, öpseler
Imperative:	öp, öpsün öpün (öpünüz), öpsünler

to cover, to hide

Aorist/Present:	örterim, örtersin, örter örteriz, örtersiniz, örterler
Present Progressive:	örtüyorum, örtüyorsun, örtüyor örtüyoruz, örtüyorsunuz, örtüyorlar
Future:	örteceğim, örteceksin, örtecek örteceğiz, örteceksiniz, örtecekler
Definite Past:	örttüm, örttün, örttü örttük, örttünüz, örttüler
Indefinite Past:	örtmüşüm, örtmüşsün, örtmüş örtmüşüz, örtmüşsünüz, örtmüşler
Necessity:	örtmeliyim, örtmelisin, örtmeli(dir) örtmeliyiz, örtmelisiniz, örtmeli(dir)ler
Optative: *(Subjunctive)*	örteyim, örtesin, örte örtelim, örtesiniz, örteler
Conditional:	örtsem, örtsen, örtse örtsek, örtseniz, örtseler
Imperative:	ört, örtsün örtün (örtünüz), örtsünler

to praise

Aorist/Present:	överim, översin, över överiz, översiniz, överler
Present Progressive:	övüyorum, övüyorsun, övüyor övüyoruz, övüyorsunuz, övüyorlar
Future:	öveceğim, öveceksin, övecek öveceğiz, öveceksiniz, övecekler
Definite Past:	övdüm, övdün, övdü övdük, övdünüz, övdüler
Indefinite Past:	övmüşüm, övmüşsün, övmüş övmüşüz, övmüşsünüz, övmüşler
Necessity:	övmeliyim, övmelisin, övmeli(dir) övmeliyiz, övmelisiniz, övmeli(dir)ler
Optative: *(Subjunctive)*	öveyim, övesin, öve övelim, övesiniz, öveler
Conditional:	övsem, övsen, övse övsek, övseniz, övseler
Imperative:	öv, övsün övün (övünüz), övsünler

to miss, to be nostalgic,
to long for

Aorist/Present: özlerim, özlersin, özler
özleriz, özlersiniz, özlerler

Present Progressive: özlüyorum, özlüyorsun, özlüyor
özlüyoruz, özlüyorsunuz, özlüyorlar

Future: özleyeceğim, özleyeceksin, özleyecek
özleyeceğiz, özleyeceksiniz, özleyecekler

Definite Past: özledim, özledin, özledi
özledik, özlediniz, özlediler

Indefinite Past: özlemişim, özlemişsin, özlemiş
özlemişiz, özlemişsiniz, özlemişler

Necessity: özlemeliyim, özlemelisin, özlemeli(dir)
özlemeliyiz, özlemelisiniz, özlemeli(dir)ler

Optative: özleyeyim, özleyesin, özleye
(Subjunctive) özleyelim, özleyesiniz, özleyeler

Conditional: özlesem, özlesen, özlese
özlesek, özleseniz, özleseler

Imperative: _____ özle, özlesin
özleyin (özleyiniz), özlesinler

to shine, to glow, to flare
up, to achieve success

Aorist/Present: parlarım, parlarsın, parlar
parlarız, parlarsınız, parlarlar

Present Progressive: parlıyorum, parlıyorsun, parlıyor
parlıyoruz, parlıyorsunuz, parlıyorlar

Future: parlayacağım, parlayacaksın, parlayacak
parlayacağız, parlayacaksınız, parlayacaklar

Definite Past: parladım, parladın, parladı
parladık, parladınız, parladılar

Indefinite Past: parlamışım, parlamışsın, parlamış
parlamışız, parlamışsınız, parlamışlar

Necessity: parlamalıyım, parlamalısın, parlamalı(dır)
parlamalıyız, parlamalısınız, parlamalı(dır)lar

Optative: parlayayım, parlayasın, parlaya
(Subjunctive) parlayalım, parlayasınız, parlayalar

Conditional: parlasam, parlasan, parlasa
parlasak, parlasanız, parlasalar

Imperative: _____ parla, parlasın
parlayın (parlayınız), parlasınlar

to cook or bake
something

Aorist/Present: pişiririm, pişirirsin, pişirir
pişiririz, pişirirsiniz, pişirirler

Present Progressive: pişiriyorum, pişiriyorsun, pişiriyor
pişiriyoruz, pişiriyorsunuz, pişiriyorlar

Future: pişireceğim, pişireceksin, pişirecek
pişireceğiz, pişireceksiniz, pişirecekler

Definite Past: pişirdim, pişirdin, pişirdi
pişirdik, pişirdiniz, pişirdiler

Indefinite Past: pişirmişim, pişirmişsin, pişirmiş
pişirmişiz, pişirmişsiniz, pişirmişler

Necessity: pişirmeliyim, pişirmelisin, pişirmeli(dir)
pişirmeliyiz, pişirmelisiniz, pişirmeli(dir)ler

Optative: pişireyim, pişiresin, pişire
(Subjunctive) pişirelim, pişiresiniz, pişireler

Conditional: pişirsem, pişirsen, pişirse
pişirsek, pişirseniz, pişirseler

Imperative: _____ pişir, pişirsin
pişirin (pişiriniz), pişirsinler

to meet by chance, to coincide,
to run into

Aorist/Present: rastlarım, rastlarsın, rastlar
rastlarız, rastlarsınız, rastlarlar

Present Progressive: rastlıyorum, rastlıyorsun, rastlıyor
rastlıyoruz, rastlıyorsunuz, rastlıyorlar

Future: rastlayacağım, rastalayacaksın, rastlayacak
rastlayacağız, rastlayacaksınız, rastlayacaklar

Definite Past: rastladım, rastladın, rastladı
rastladık, rastladınız, rastladılar

Indefinite Past: rastlamışım, rastlamışsın, rastlamış
rastlamışım, rastlamışsın, rastlamışlar

Necessity: rastlamalıyım, rastlamalısın, rastlamalı(dır)
rastlamalıyız, rastlamalısınız,rastlamalı(dır)lar

Optative: rastlayayım, rastlayasın, rastlaya
(Subjunctive) rastlayalım, rastlayasınız, rastlayalar

Conditional: rastlasam, rastlasan, rastlasa
rastlasak, rastlasanız, rastlasalar

Imperative: _____ rastla, rastlasın
rastlayın (rastlayınız), rastlasınlar

	to hide, to keep secret, to preserve, to save for the future
Aorist/Present:	saklarım, saklarsın, saklar saklarız, saklarsınız, saklarlar
Present Progressive:	saklıyorum, saklıyorsun, saklıyor saklıyoruz, saklıyorsunuz, saklıyorlar
Future:	saklayacağım, saklayacaksın, saklayacak saklayacağız, saklayacaksınız, saklayacaklar
Definite Past:	sakladım, sakladın, sakladı sakladık, sakladınız, sakladılar
Indefinite Past:	saklamışım, saklamışsın, saklamış saklamışız, saklamışsınız, saklamışlar
Necessity:	saklamalıyım, saklamalısın, saklamalı(dır) saklamalıyız, saklamalısınız, saklamalı(dır)lar
Optative: *(Subjunctive)*	saklayayım, saklayasın, saklaya saklayalım, saklayasınız, saklayalar
Conditional:	saklasam, saklasan, saklasa saklasak, saklasanız, saklasalar
Imperative:	——— sakla, saklasın saklayın (saklayınız), saklasınlar

to suppose, to assume,
to think, to imagine

Aorist/Present: sanırım, sanırsın, sanır
sanırız, sanırsınız, sanırlar

Present Progressive: sanıyorum, sanıyorsun, sanıyor
sanıyoruz, sanıyorsunuz, sanıyorlar

Future: sanacağım, sanacaksın, sanacak
sanacağız, sanacaksınız, sanacaklar

Definite Past: sandım, sandın, sandı
sandık, sandınız, sandılar

Indefinite Past: sanmışım, sanmışsın, sanmış
sanmışız, sanmışsınız, sanmışlar

Necessity: sanmalıyım, sanmalısın, sanmalı(dır)
sanmalıyız, sanmalısınız, sanmalı(dır)lar

Optative: sanayım, sanasın, sana
(Subjunctive) sanalım, sanasınız, sanalar

Conditional: sansam, sansan, sansa
sansak, sansanız, sansalar

Imperative: ———— san, sansın
sanın (sanınız), sansınlar

to swerve, to make a turn,
to deviate, to go astray

Aorist/Present:	saparım, saparsın, sapar
	saparız, saparsınız, saparlar
Present Progressive:	sapıyorum, sapıyorsun, sapıyor
	sapıyoruz, sapıyorsunuz, sapıyorlar
Future:	sapacağım, sapacaksın, sapacak
	sapacağız, sapacaksınız, sapacaklar
Definite Past:	saptım, saptın, saptı
	saptık, saptınız, saptılar
Indefinite Past:	sapmışım, sapmışsın, sapmış
	sapmışız, sapmışsınız, sapmışlar
Necessity:	sapmalıyım, sapmalısın, sapmalı(dır)
	sapmalıyız, sapmalısınız, sapmalı(dır)lar
Optative: (Subjunctive)	sapayım, sapasın, sapa
	sapalım, sapasınız, sapalar
Conditional:	sapsam, sapsan, sapsa
	sapsak, sapsanız, sapsalar
Imperative:	_____ sap, sapsın
	sapın (sapınız), sapsınlar

to wrap (around), to wind,
to surround

Aorist/Present:	sararım, sararsın, sarar sararız, sararsınız, sararlar
Present Progressive:	sarıyorum, sarıyorsun, sarıyor sarıyoruz, sarıyorsunuz, sarıyorlar
Future:	saracağım, saracaksın, saracak saracağız, saracaksınız, saracaklar
Definite Past:	sardım, sardın, sardı sardık, sardınız, sardılar
Indefinite Past:	sarmışım, sarmışsın, sarmış sarmışız, sarmışsınız, sarmışlar
Necessity:	sarmalıyım, sarmalısın, sarmalı(dır) sarmalıyız, sarmalısınız, sarmalı(dır)lar
Optative: *(Subjunctive)*	sarayım, sarasın, sara saralım, sarasınız, saralar
Conditional:	sarsam, sarsan, sarsa sarsak, sarsanız, sarsalar
Imperative:	sar, sarsın sarın (sarınız), sarsınlar

to sell

Aorist/Present:	satarım, satarsın, satar satarız, satarsınız, satarlar
Present Progressive:	satıyorum, satıyorsun, satıyor satıyoruz, satıyorsunuz, satıyorlar
Future:	satacağım, satacaksın, satacak satacağız, satacaksınız, satacaklar
Definite Past:	sattım, sattın, sattı sattık, sattınız, sattılar
Indefinite Past:	satmışım, satmışsın, satmış satmışız, satmışsınız, satmışlar
Necessity:	satmalıyım, satmalısın, satmalı(dır) satmalıyız, satmalısınız, satmalı(dır)lar
Optative: *(Subjunctive)*	satayım, satasın, sata satalım, satasınız, satalar
Conditional:	satsam, satsan, satsa satsak, satsanız, satsalar
Imperative:	——— sat, satsın satın (satınız), satsınlar

to struggle, to fight,
to battle

Aorist/Present:	savaşırım, savaşırsın, savaşır savaşırız, savaşırsınız, savaşırlar
Present Progressive:	savaşıyorum, savaşıyorsun, savaşıyor savaşıyoruz, savaşıyorsunuz, savaşıyorlar
Future:	savaşacağım, savaşacaksın, savaşacak savaşacağız, savaşacaksınız, savaşacaklar
Definite Past:	savaştım, savaştın, savaştı savaştık, savaştınız, savaştılar
Indefinite Past:	savaşmışım, savaşmışsın, savaşmış savaşmışız, savaşmışsınız, savaşmışlar
Necessity:	savaşmalıyım, savaşmalısın, savaşmalı(dır) savaşmalıyız, savaşmalısınız, savaşmalı(dır)lar
Optative: *(Subjunctive)*	savaşayım, savaşasın, savaşa savaşalım, savaşasınız, savaşalar
Conditional:	savaşsam, savaşsan, savaşsa savaşsak, savaşsanız, savaşsalar
Imperative:	savaş, savaşsın savaşın (savaşınız), savaşsınlar

to defend, to advocate

Aorist/Present:	savunurum, savunursun, savunur savunuruz, savunursunuz, savunurlar
Present Progressive:	savunuyorum, savunuyorsun, savunuyor savunuyoruz, savunuyorsunuz, savunuyorlar
Future:	savunacağım, savunacaksın, savunacak savunacağız, savunacaksınız, savunacaklar
Definite Past:	savundum, savundun, savundu savunduk, savundunuz, savundular
Indefinite Past:	savunmuşum, savunmuşsun, savunmuş savunmuşuz, savunmuşsunuz, savunmuşlar
Necessity:	savunmalıyım, savunmalısın, savunmalı(dır) savunmalıyız, savunmalısınız, savunmalı(dır)lar
Optative: *(Subjunctive)*	savunayım, savunasın, savuna savunalım, savunasınız, savunalar
Conditional:	savunsam, savunsan, savunsa savunsak, savunsanız, savunsalar
Imperative:	savun, savunsun savunun (savununuz), savunsunlar

to count, to respect, to deem

Aorist/Present:	sayarım, sayarsın, sayar
	sayarız, sayarsınız, sayarlar
Present Progressive:	sayıyorum, sayıyorsun, sayıyor
	sayıyoruz, sayıyorsunuz, sayıyorlar
Future:	sayacağım, sayacaksın, sayacak
	sayacağız, sayacaksınız, sayacaklar
Definite Past:	saydım, saydın, saydı
	saydık, saydınız, saydılar
Indefinite Past:	saymışım, saymışsın, saymış
	saymışız, saymışsınız, saymışlar
Necessity:	saymalıyım, saymalısın, saymalı(dır)
	saymalıyız, saymalısınız, saymalı(dır)lar
Optative: *(Subjunctive)*	sayayım, sayasın, saya
	sayalım, sayasınız, sayalar
Conditional:	saysam, saysan, saysa
	saysak, saysanız, saysalar
Imperative:	———— say, saysın
	sayın (sayınız), saysınlar

to choose, to select,
to elect

Aorist/Present: seçerim, seçersin, seçer
seçeriz, seçersiniz, seçerler

Present Progressive: seçiyorum, seçiyorsun, seçiyor
seçiyoruz, seçiyorsunuz, seçiyorlar

Future: seçeceğim, seçeceksin, seçecek
seçeceğiz, seçeceksiniz, seçecekler

Definite Past: seçtim, seçtin, seçti
seçtik, seçtiniz, seçtiler

Indefinite Past: seçmişim, seçmişsin, seçmiş
seçmişiz, seçmişsiniz, seçmişler

Necessity: seçmeliyim, seçmelisin, seçmeli(dir)
seçmeliyiz, seçmelisiniz, seçmeli(dir)ler

Optative: seçeyim, seçesin, seçe
(Subjunctive) seçelim, seçesiniz, seçeler

Conditional: seçsem, seçsen, seçse
seçsek, seçseniz, seçseler

Imperative: _____ seç, seçsin
seçin (seçiniz), seçsinler

selâmlamak

to greet, to salute

Aorist/Present: selâmlarım, selâmlarsın, selâmlar
selâmlarız, selâmlarsınız, selâmlarlar

Present Progressive: selâmlıyorum, selâmlıyorsun, selâmlıyor
selâmlıyoruz, selâmlıyorsunuz, selâmlıyorlar

Future: selâmlayacağım, selâmlayacaksın, selâmlayacak
selâmlayacağız, selâmlayacaksınız,
selâmlayacaklar

Definite Past: selâmladım, selâmladın, selâmladı
selâmladık, selâmladınız, selâmladılar

Indefinite Past: selâmlamışım, selâmlamışsın, selâmlamış
selâmlamışız, selâmlamışsınız, selâmlamışlar

Necessity: selâmlamalıyım, selâmlamalısın, selâmlamalı(dır)
selâmlamalıyız, selâmlamalısınız,
selâmlamalı(dır)lar

Optative: selâmlayayım, selâmlayasın, selâmlaya
(Subjunctive) selâmlayalım, selâmlayasınız, selâmlayalar

Conditional: selâmlasam, selâmlasan, selâmlasa
selâmlasak, selâmlasanız, selâmlasalar

Imperative: _____ selâmla, selâmlasın
selâmlayın (selâmlayınız), selâmlasınlar

to be pleased, glad, happy

Aorist/Present: sevinirim, sevinirsin, sevinir
sevininiz, sevinirsiniz, sevinirler

Present Progressive: seviniyorum, seviniyorsun, seviniyor
seviniyoruz, seviniyorsunuz, seviniyorlar

Future: sevineceğim, sevineceksin, sevinecek
sevineceğiz, sevineceksiniz, sevinecekler

Definite Past: sevindim, sevindin, sevindi
sevindik, sevindiniz, sevindiler

Indefinite Past: sevinmişim, sevinmişsin, sevinmiş
sevinmişiz, sevinmişsiniz, sevinmişler

Necessity: sevinmeliyim, sevinmelisin, sevinmeli(dir)
sevinmeliyiz, sevinmelisiniz, sevinmeli(dir)ler

Optative: sevineyim, sevinesin, sevine
(Subjunctive) sevinelim, sevinesiniz, sevineler

Conditional: sevinsem, sevinsen, sevinse
sevinsek, sevinseniz, sevinseler

Imperative: ——— sevin, sevinsin
sevinin (sevininiz), sevinsinler

to love, to like

Aorist/Present:	severim, seversin, sever
	severiz, seversiniz, severler
Present Progressive:	seviyorum, seviyorsun, seviyor
	seviyoruz, seviyorsunuz, seviyorlar
Future:	seveceğim, seveceksin, sevecek
	seveceğiz, seveceksiniz, sevecekler
Definite Past:	sevdim, sevdin, sevdi
	sevdik, sevdiniz, sevdiler
Indefinite Past:	sevmişim, sevmişsin, sevmiş
	sevmişiz, sevmişsiniz, sevmişler
Necessity:	sevmeliyim, sevmelisin, sevmeli(dir)
	sevmeliyiz, sevmelisiniz, sevmeli(dir)ler
Optative:	seveyim, sevesin, seve
(Subjunctive)	sevelim, sevesiniz, seveler
Conditional:	sevsem, sevsen, sevse
	sevsek, sevseniz, sevseler
Imperative:	sev, sevsin
	sevin (seviniz), sevsinler

141

to perceive, to sense,
to discern

Aorist/Present: sezerim, sezersin, sezer
sezeriz, sezersiniz, sezerler

Present Progressive: seziyorum, seziyorsun, seziyor
seziyoruz, seziyorsunuz, seziyorlar

Future: sezeceğim, sezeceksin, sezecek
sezeceğiz, sezeceksiniz, sezecekler

Definite Past: sezdim, sezdin, sezdi
sezdik, sezdiniz, sezdiler

Indefinite Past: sezmişim, sezmişsin, sezmiş
sezmişiz, sezmişsiniz, sezmişler

Necessity: sezmeliyim, sezmelisin, sezmeli(dir)
sezmeliyiz, sezmelisiniz, sezmeli(dir)ler

Optative: sezeyim, sezesin, seze
(Subjunctive) sezelim, sezesiniz, sezeler

Conditional: sezsem, sezsen, sezse
sezsek, sezseniz, sezseler

Imperative: _____ sez, sezsin
sezin (seziniz), sezsinler

to put in, to insert,
to sting

Aorist/Present: sokarım, sokarsın, sokar
sokarız, sokarsınız, sokarlar

Present Progressive: sokuyorum, sokuyorsun, sokuyor
sokuyoruz, sokuyorsunuz, sokuyorlar

Future: sokacağım, sokacaksın, sokacak
sokacağız, sokacaksınız, sokacaklar

Definite Past: soktum, soktun, soktu
soktuk, soktunuz, soktular

Indefinite Past: sokmuşum, sokmuşsun, sokmuş
sokmuşuz, sokmuşsunuz, sokmuşlar

Necessity: sokmalıyım, sokmalısın, sokmalı(dır)
sokmalıyız, sokmalısınız, sokmalı(dır)lar

Optative: sokayım, sokasın, soka
(Subjunctive) sokalım, sokasınız, sokalar

Conditional: soksam, soksan, soksa
soksak, soksanız, soksalar

Imperative: _____ sok, soksun
sokun (sokunuz), soksunlar

to ask, to inquire

Aorist/Present:	sorarım, sorarsın, sorar
	sorarız, sorarsınız, sorarlar
Present Progressive:	soruyorum, soruyorsun, soruyor
	soruyoruz, soruyorsunuz, soruyorlar
Future:	soracağım, soracaksın, soracak
	soracağız, soracaksınız, soracaklar
Definite Past:	sordum, sordun, sordu
	sorduk, sordunuz, sordular
Indefinite Past:	sormuşum, sormuşsun, sormuş
	sormuşuz, sormuşsunuz, sormuşlar
Necessity:	sormalıyım, sormalısın, sormalı(dır)
	sormalıyız, sormalısınız, sormalı(dır)lar
Optative: *(Subjunctive)*	sorayım, sorasın, sora
	soralım, sorasınız, soralar
Conditional:	sorsam, sorsan, sorsa
	sorsak, sorsanız, sorsalar
Imperative:	sor, sorsun
	sorun (sorunuz), sorsunlar

söylemek

to speak, to say, to tell

Aorist/Present: söylerim, söylersin, söyler
söyleriz, söylersiniz, söylerler

Present Progressive: söylüyorum, söylüyorsun, söylüyor
söylüyoruz, söylüyorsunuz, söylüyorlar

Future: söyleyeceğim, söyleyeceksin, söyleyecek
söyleyeceğiz, söyleyeceksiniz, söyleyecekler

Definite Past: söyledim, söyledin, söyledi
söyledik, söylediniz, söylediler

Indefinite Past: söylemişim, söylemişsin, söylemiş
söylemişiz, söylemişsiniz, söylemişler

Necessity: söylemeliyim, söylemelisin, söylemeli(dir)
söylemeliyiz, söylemelisiniz, söylemeli(dir)ler

Optative: söyleyeyim, söyleyesin, söyleye
(Subjunctive) söyleyelim, söyleyesiniz, söyleyeler

Conditional: söylesem, söylesen, söylese
söylesek, söyleseniz, söyleseler

Imperative: _____ söyle, söylesin
söyleyin, (söyleyiniz), söylesinler

145

to present, to offer,
to submit, to put forth

Aorist/Present: sunarım, sunarsın, sunar
sunarız, sunarsınız, sunarlar

Present Progressive: sunuyorum, sunuyorsun, sunuyor
sunuyoruz, sunuyorsunuz, sunuyorlar

Future: sunacağım, sunacaksın, sunacak
sunacağız, sunacaksınız, sunacaklar

Definite Past: sundum, sundun, sundu
sunduk, sundunuz, sundular

Indefinite Past: sunmuşum, sunmuşsun, sunmuş
sunmuşuz, sunmuşsunuz, sunmuşlar

Necessity: sunmalıyım, sunmalısın, sunmalı(dır)
sunmalıyız, sunmalısınız, sunmalı(dır)lar

Optative: sunayım, sunasın, suna
(Subjunctive) sunalım, sunasınız, sunalar

Conditional: sunsam, sunsan, sunsa
sunsak, sunsanız, sunsalar

Imperative: sun, sunsun
sunun (sununuz), sunsunlar

to be thirsty

Aorist/Present:	susarım, susarsın, susar
	susarız, susarsınız, susarlar
Present Progressive:	susuyorum, susuyorsun, susuyor
	susuyoruz, susuyorsunuz, susuyorlar
Future:	susayacağım, susayacaksın, susayacak
	susayacağız, susayacaksınız, susayacaklar
Definite Past:	susadım, susadın, susadı
	susadık, susadınız, susadılar
Indefinite Past:	susamışım, susamışsın, susamış
	susamışız, susamışsınız, susamışlar
Necessity:	susamalıyım, susamalısın, susamalı(dır)
	susamalıyız, susamalısınız, susamalı(dır)lar
Optative: *(Subjunctive)*	susayayım, susayasın, susaya
	susayalım, susayasınız, susayalar
Conditional:	susasam, susasan, susasa
	susasak, susasanız, susasalar
Imperative:	——— susa, susasın
	susayın (susayınız), susasınlar

susmak

to be silent, to hush,
to keep quiet

Aorist/Present: susarım, susarsın, susar
susarız, susarsınız, susarlar

Present Progressive: susuyorum, susuyorsun, susuyor
susuyoruz, susuyorsunuz, susuyorlar

Future: susacağım, susacaksın, susacak
susacağız, susacaksınız, susacaklar

Definite Past: sustum, sustun, sustu
sustuk, sustunuz, sustular

Indefinite Past: susmuşum, susmuşsun, susmuş
susmuşuz, susmuşsunuz, susmuşlar

Necessity: susmalıyım, susmalısın, susmalı(dır)
susmalıyız, susmalısınız, susmalı(dır)lar

Optative: susayım, susasın, susa
(Subjunctive) susalım, susasınız, susalar

Conditional: sussam, sussan, sussa
sussak, sussanız, sussalar

Imperative: sus, sussun
susun (susunuz), sussunlar

to drive, to banish, to plow,
to rub or spread, to last,
to continue

Aorist/Present: sürerim, sürersin, sürer
süreriz, sürersiniz, sürerler

Present Progressive: sürüyorum, sürüyorsun, sürüyor
sürüyoruz, sürüyorsunuz, sürüyorlar

Future: süreceğim, süreceksin, sürecek
süreceğiz, süreceksiniz, sürecekler

Definite Past: sürdüm, sürdün, sürdü
sürdük, sürdünüz, sürdüler

Indefinite Past: sürmüşüm, sürmüşsün, sürmüş
sürmüşüz, sürmüşsünüz, sürmüşler

Necessity: sürmeliyim, sürmelisin, sürmeli(dir)
sürmeliyiz, sürmelisiniz, sürmeli(dir)ler

Optative: süreyim, süresin, süre
(Subjunctive) sürelim, süresiniz, süreler

Conditional: sürsem, sürsen, sürse
sürsek, sürseniz, sürseler

Imperative: _____ sür, sürsün
sürün (sürünüz), sürsünler

to be surprised

Aorist/Present: şaşarım, şaşarsın, şaşar
şaşarız, şaşarsınız, şaşarlar

Present Progressive: şaşıyorum, şaşıyorsun, şaşıyor
şaşıyoruz, şaşıyorsunuz, şaşıyorlar

Future: şaşacağım, şaşacaksın, şaşacak
şaşacağız, şaşacaksınız, şaşacaklar

Definite Past: şaştım, şaştın, şaştı
şaştık, şaştınız, şaştılar

Indefinite Past: şaşmışım, şaşmışsın, şaşmış
şaşmışız, şaşmışsınız, şaşmışlar

Necessity: şaşmalıyım, şaşmalısın, şaşmalı(dır)
şaşmalıyız, şaşmalısınız, şaşmalı(dır)lar

Optative: şaşayım, şaşasın, şaşa
(Subjunctive) şaşalım, şaşasınız, şaşalar

Conditional: şaşsam, şaşsan, şaşsa
şaşsak, şaşsanız, şaşsalar

Imperative: ———— şaş, şaşsın
şaşın (şaşınız), şaşsınlar

to affix, to attach,
to put on, to wear

Aorist/Present: takarım, takarsın, takar
takarız, takarsınız, takarlar

Present Progressive: takıyorum, takıyorsun, takıyor
takıyoruz, takıyorsunuz, takıyorlar

Future: takacağım, takacaksın, takacak
takacağız, takacaksınız, takacaklar

Definite Past: taktım, taktın, taktı
taktık, taktınız, taktılar

Indefinite Past: takmışım, takmışsın, takmış
takmışız, takmışsınız, takmışlar

Necessity: takmalıyım, takmalısın, takmalı(dır)
takmalıyız, takmalısınız, takmalı(dır)lar

Optative: takayım, takasın, taka
(Subjunctive) takalım, takasınız, takalar

Conditional: taksam, taksan, taksa
taksak, taksanız, taksalar

Imperative: ——— tak, taksın
takın (takınız), taksınlar

to complete, to finish

Aorist/Present: tamamlarım, tamamlarsın, tamamlar
tamamlarız, tamamlarsınız, tamamlarlar

Present Progressive: tamamlıyorum, tamamlıyorsun, tamamlıyor
tamamlıyoruz, tamamlıyorsunuz, tamamlıyorlar

Future: tamamlayacağım, tamamlayacaksın, tamamlayacak
tamamlayacağız, tamamlayacaksınız,tamamlayacak

Definite Past: tamamladım, tamamladın, tamamladı
tamamladık, tamamladınız, tamamladılar

Indefinite Past: tamamlamışım, tamamlamışsın, tamamlamış
tamamlamışız, tamamlamışsınız, tamamlamışlar

Necessity: tamamlamalıyım, tamamlamalısın, tamamlamalı(dı
tamamlamalıyız, tamamlamalısınız,
tamamlamalı(dır)la

Optative: tamamlayayım, tamamlayasın, tamamlaya
(Subjunctive) tamamlayalım, tamamlayasınız, tamamlayalar

Conditional: tamamlasam, tamamlasan, tamamlasa
tamamlasak, tamamlasanız, tamamlasalar

Imperative: _____ tamamla, tamamlasın
tamamlayın (tamamlayınız), tamamlasın

to recognize, to know,
to be acquainted with

Aorist/Present: tanırım, tanırsın, tanır
tanırız, tanırsınız, tanırlar

Present Progressive: tanıyorum, tanıyorsun, tanıyor
tanıyoruz, tanıyorsunuz, tanıyorlar

Future: tanıyacağım, tanıyacaksın, tanıyacak
tanıyacağız, tanıyacaksınız, tanıyacaklar

Definite Past: tanıdım, tanıdın, tanıdı
tanıdık, tanıdınız, tanıdılar

Indefinite Past: tanımışım, tanımışsın, tanımış
tanımışız, tanımışsınız, tanımışlar

Necessity: tanımalıyım, tanımalısın, tanımalı(dır)
tanımalıyız, tanımalısınız, tanımalı(dır)lar

Optative: tanıyayım, tanıyasın, tanıya
(Subjunctive) tanıyalım, tanıyasınız, tanıyalar

Conditional: tanısam, tanısan, tanısa
tanısak, tanısanız, tanısalar

Imperative: _____ tanı, tanısın
tanıyın (tanıyınız), tanısınlar

to comb

Aorist/Present:	tararım, tararsın, tarar tararız, tararsınız, tararlar
Present Progressive:	tarıyorum, tarıyorsun, tarıyor tarıyoruz, tarıyorsunuz, tarıyorlar
Future:	tarayacağım, tarayacaksın, tarayacak tarayacağız, tarayacaksınız, tarayacaklar
Definite Past:	taradım, taradın, taradı taradık, taradınız, taradılar
Indefinite Past:	taramışım, taramışsın, taramış taramışız, taramışsınız, taramışlar
Necessity:	taramalıyım, taramalısın, taramalı(dır) taramalıyız, taramalısınız, taramalı(dır)lar
Optative: *(Subjunctive)*	tarayayım, tarayasın, taraya tarayalım, tarayasınız, tarayalar
Conditional:	tarasam, tarasan, tarasa tarasak, tarasanız, tarasalar
Imperative:	tara, tarasın tarayın (tarayınız), tarayalar

to argue, to debate,
to dispute

Aorist/Present: tartışırım, tartışırsın, tartışır
tartışırız, tartışırsınız, tartışırlar

Present Progressive: tartışıyorum, tartışıyorsun, tartışıyor
tartışıyoruz, tartışıyorsunuz, tartışıyorlar

Future: tartışacağım, tartışacaksın, tartışacak
tartışacağız, tartışacaksınız, tartışacaklar

Definite Past: tartıştım, tartıştın, tartıştı
tartıştık, tartıştınız, tartıştılar

Indefinite Past: tartışmışım, tartışmışsın, tartışmış
tartışmışız, tartışmışsınız, tartışmışlar

Necessity: tartışmalıyım, tartışmalısın, tartışmalı(dır)
tartışmalıyız, tartışmalısınız,
tartışmalı(dır)lar

Optative:
(Subjunctive)
tartışayım, tartışasın, tartışa
tartışalım, tartışasınız, tartışalar

Conditional: tartışsam, tartışsan, tartışsa
tartışsak, tartışsanız, tartışsalar

Imperative: tartış, tartışsın
tartışın (tartışınız), tartışsınlar

to weigh

Aorist/Present:	tartarım, tartarsın, tartar tartarız, tartarsınız, tartarlar
Present Progressive:	tartıyorum, tartıyorsun, tartıyor tartıyoruz, tartıyorsunuz, tartıyorlar
Future:	tartacağım, tartacaksın, tartacak tartacağız, tartacaksınız, tartacaklar
Definite Past:	tarttım, tarttın, tarttı tarttık, tarttınız, tarttılar
Indefinite Past:	tartmışım, tartmışsın, tartmış tartmışız, tartmışsınız, tartmışlar
Necessity:	tartmalıyım, tartmalısın, tartmalı(dır) tartmalıyız, tartmalısınız, tartmalı(dır)lar
Optative: *(Subjunctive)*	tartayım, tartasın, tarta tartalım, tartasınız, tartalar
Conditional:	tartsam, tartsan, tartsa tartsak, tartsanız, tartsalar
Imperative:	tart, tartsın tartın (tartınız), tartsınlar

to move from one residence
or office to another

Aorist/Present: taşınırım, taşınırsın, taşınır
taşınırız, taşınırsınız, taşınırlar

Present Progressive: taşınıyorum, taşınıyorsun, taşınıyor
taşınıyoruz, taşınıyorsunuz, taşınıyorlar

Future: taşınacağım, taşınacaksın, taşınacak
taşınacağız, taşınacaksınız, taşınacaklar

Definite Past: taşındım, taşındın, taşındı
taşındık, taşındınız, taşındılar

Indefinite Past: taşınmışım, taşınmışsın, taşınmış
taşınmışız, taşınmışsınız, taşınmışlar

Necessity: taşınmalıyım, taşınmalısın, taşınmalı(dır)
taşınmalıyız, taşınmalısınız, taşınmalı(dır)lar

Optative: taşınayım, taşınasın, taşına
(Subjunctive) taşınalım, taşınasınız, taşınalar

Conditional: taşınsam, taşınsan, taşınsa
taşınsak, taşınsanız, taşınsalar

Imperative: ———— taşın, taşınsın
taşının (taşınınız), taşınsınlar

Aorist/Present: tadarım, tadarsın, tadar
tadarız, tadarsınız, tadarlar

Present Progressive: tadıyorum, tadıyorsun, tadıyor
tadıyoruz, tadıyorsunuz, tadıyorlar

Future: tadacağım, tadacaksın, tadacak
tadacağız, tadacaksınız, tadacaklar

Definite Past: tattım, tattın, tattı
tattık, tattınız, tattılar

Indefinite Past: tatmışım, tatmışsın, tatmış
tatmışız, tatmışsınız, tatmışlar

Necessity: tatmalıyım, tatmalısın, tatmalı(dır)
tatmalıyız, tatmalısınız, tatmalı(dır)lar

Optative:
(Subjunctive) tadayım, tadasın, tada
tadalım, tadasınız, tadalar

Conditional: tatsam, tatsan, tatsa
tatsak, tatsanız, tatsalar

Imperative: _____ tat, tatsın
tadın, (tadınız), tatsınlar

to clean (up),
to clear away

Aorist/Present: temizlerim, temizlersin, temizler
temizleriz, temizlersiniz, temizlerler

Present Progressive: temizliyorum, temizliyorsun, temizliyor
temizliyoruz, temizliyorsunuz, temizliyorlar

Future: temizleyeceğim, temizleyeceksin, temizleyecek
temizleyeceğiz, temizleyeceksiniz,
temizleyecekler

Definite Past: temizledim, temizledin, temizledi
temizledik, temizlediniz, temizlediler

Indefinite Past: temizlemişim, temizlemişsin, temizlemiş
temizlemişiz, temizlemişsiniz, temizlemişler

Necessity: temizlemeliyim, temizlemelisin, temizlemeli(dir)
temizlemeliyiz, temizlemelisiniz,
temizlemeli(dir)ler

Optative:
(Subjunctive) temizleyeyim, temizleyesin, temizleye
temizleyelim, temizleyesiniz, temizleyeler

Conditional: temizlesem, temizlesen, temizlese
temizlesek, temizleseniz, temizleseler

Imperative: temizle, temizlesin
temizleyin (temizleyiniz), temizlesinler

to sweat, to perspire

Aorist/Present: terlerim, terlersin, terler
terleriz, terlersiniz, terlerler

Present Progressive: terliyorum, terliyorsun, terliyor
terliyoruz, terliyorsunuz, terliyorlar

Future: terleyeceğim, terleyeceksin, terleyecek
terleyeceğiz, terleyeceksiniz, terleyecekler

Definite Past: terledim, terledin, terledi
terledik, terlediniz, terlediler

Indefinite Past: terlemişim, terlemişsin, terlemiş
terlemişiz, terlemişsiniz, terlemişler

Necessity: terlemeliyim, terlemelisin, terlemeli(dir)
terlemeliyiz, terlemelisiniz, terlemeli(dir)ler

Optative: terleyeyim, terleyesin, terleye
(Subjunctive) terleyelim, terleyesiniz, terleyeler

Conditional: terlesem, terlesen, terlese
terlesek, terleseniz, terleseler

Imperative: ——— terle, terlesin
terleyin (terleyiniz), terlesinler

to shake, to tremble,
to vibrate

Aorist/Present: titrerim, titrersin, titrer
titreriz, titrersiniz, titrerler

Present Progressive: titriyorum, titriyorsun, titriyor
titriyoruz, titriyorsunuz, titriyorlar

Future: titreyeceğim, titreyeceksin, titreyecek
titreyeceğiz, titreyeceksiniz, titreyecekler

Definite Past: titredim, titredin, titredi
titredik, titrediniz, titrediler

Indefinite Past: titremişim, titremişsin, titremiş
titremişiz, titremişsiniz, titremişler

Necessity: titremeliyim, titremelisin, titremeli(dir)
titremeliyiz, titremelisiniz, titremeli(dir)ler

Optative:
(Subjunctive) titreyeyim, titreyesin, titreye
titreyelim, titreyesiniz, titreyeler

Conditional: titresem, titresen, titrese
titresek, titreseniz, titreseler

Imperative: ——— titre, titresin
titreyin (titreyiniz), titresinler

	to collect, to gather, to add, to convene, to tidy up, to put on weight
Aorist/Present:	toplarım, toplarsın, toplar toplarız, toplarsınız, toplarlar
Present Progressive:	topluyorum, topluyorsun, topluyor topluyoruz, topluyorsunuz, topluyorlar
Future:	toplayacağım, toplayacaksın, toplayacak toplayacağız, toplayacaksınız, toplayacaklar
Definite Past:	topladım, topladın, topladı topladık, topladınız, topladılar
Indefinite Past:	toplamışım, toplamışsın, toplamış toplamışız, toplamışsınız, toplamışlar
Necessity:	toplamalıyım, toplamalısın, toplamalı(dır) toplamalıyız, toplamalısınız, toplamalı(dır)lar
Optative: *(Subjunctive)*	toplayayım, toplayasın, toplaya toplayalım, toplayasınız, toplayalar
Conditional:	toplasam, toplasan, toplasa toplasak, toplasanız, toplasalar
Imperative:	——— topla, toplasın toplayın (toplayınız), toplasınlar

to hold (on to), to take,
to catch, to retain

Aorist/Present: tutarım, tutarsın, tutar
tutarız, tutarsınız, tutarlar

Present Progressive: tutuyorum, tutuyorsun, tutuyor
tutuyoruz, tutuyorsunuz, tutuyorlar

Future: tutacağım, tutacaksın, tutacak
tutacağız, tutacaksınız, tutacaklar

Definite Past: tuttum, tuttun, tuttu
tuttuk, tuttunuz, tuttular

Indefinite Past: tutmuşum, tutmuşsun, tutmuş
tutmuşuz, tutmuşsunuz, tutmuşlar

Necessity: tutmalıyım, tutmalısın, tutmalı(dır)
tutmalıyız, tutmalısınız, tutmalı(dır)lar

Optative: tutayım, tutasın, tuta
(Subjunctive) tutalım, tutasınız, tutalar

Conditional: tutsam, tutsan, tutsa
tutsak, tutsanız, tutsalar

Imperative: ——— tut, tutsun
tutun (tutunuz), tutsunlar

to fly, to evaporate,
to fade away, to be
wild (with joy)

Aorist/Present: uçarım, uçarsın, uçar
uçarız, uçarsınız, uçarlar

Present Progressive: uçuyorum, uçuyorsun, uçuyor
uçuyoruz, uçuyorsunuz, uçuyorlar

Future: uçacağım, uçacaksın, uçacak
uçacağız, uçacaksınız, uçacaklar

Definite Past: uçtum, uçtun, uçtu
uçtuk, uçtunuz, uçtular

Indefinite Past: uçmuşum, uçmuşsun, uçmuş
uçmuşuz, uçmuşsunuz, uçmuşlar

Necessity: uçmalıyım, uçmalısın, uçmalı(dır)
uçmalıyız, uçmalısınız, uçmalı(dır)lar

Optative:
(Subjunctive) uçayım, uçasın, uça
uçalım, uçasınız, uçalar

Conditional: uçsam, uçsan, uçsa
uçsak, uçsanız, uçsalar

Imperative: uç, uçsun
uçun (uçunuz), uçsunlar

to stop by, to drop in,
to have an illness, accident or
change, to dash out

Aorist/Present: uğrarım, uğrarsın, uğrar
uğrarız, uğrarsınız, uğrarlar

Present Progressive: uğruyorum, uğruyorsun, uğruyor
uğruyoruz, uğruyorsunuz, uğruyorlar

Future: uğrayacağım, uğrayacaksın, uğrayacak
uğrayacağız, uğrayacaksınız, uğrayacaklar

Definite Past: uğradım, uğradın, uğradı
uğradık, uğradınız, uğradılar

Indefinite Past: uğramışım, uğramışsın, uğramış
uğramışız, uğramışsınız, uğramışlar

Necessity: uğramalıyım, uğramalısın, uğramalı(dır)
uğramalıyız, uğramalısınız, uğramalı(dır)lar

Optative:
(Subjunctive) uğrayayım, uğrayasın, uğraya
uğrayalım, uğrayasınız, uğrayalar

Conditional: uğrasam, uğrasan, uğrasa
uğrasak, uğrasanız, uğrasalar

Imperative: _____ uğra, uğrasın
uğrayın (uğrayınız), uğrasınlar

to hope, to expect

Aorist/Present: umarım, umarsın, umar
umarız, umarsınız, umarlar

Present Progressive: umuyorum, umuyorsun, umuyor
umuyoruz, umuyorsunuz, umuyorlar

Future: umacağım, umacaksın, umacak
umacağız, umacaksınız, umacaklar

Definite Past: umdum, umdun, umdu
umduk, umdunuz, umdular

Indefinite Past: ummuşum, ummuşsun, ummuş
ummuşuz, ummuşsunuz, ummuşlar

Necessity: ummalıyım, ummalısın, ummalı(dır)
ummalıyız, ummalısınız, ummalı(dır)lar

Optative: umayım, umasın, uma
(Subjunctive) umalım, umasınız, umalar

Conditional: umsam, umsan, umsa
umsak, umsanız, umsalar

Imperative: _____ um, umsun
umun (umunuz), umsunlar

to forget, to overlook

Aorist/Present: unuturum, unutursun, unutur
unuturuz, unutursunuz, unuturlar

Present Progressive: unutuyorum, unutuyorsun, unutuyor
unutuyoruz, unutuyorsunuz, unutuyorlar

Future: unutacağım, unutacaksın, unutacak
unutacağız, unutacaksınız, unutacaklar

Definite Past: unuttum, unuttun, unuttu
unuttuk, unuttunuz, unuttular

Indefinite Past: unutmuşum, unutmuşsun, unutmuş
unutmuşuz, unutmuşsunuz, unutmuşlar

Necessity: unutmalıyım, unutmalısın, unutmalı(dır)
unutmalıyız, unutmalısınız, unutmalı(dır)lar

Optative: unutayım, unutasın, unuta
(Subjunctive) unutalım, unutasınız, unutalar

Conditional: unutsam, unutsan, unutsa
unutsak, unutsanız, unutsalar

Imperative: unut, unutsun
unutun (unutunuz), unutsunlar

to wake up

Aorist/Present:	uyanırım, uyanırsın, uyanır uyanırız, uyanırsınız, uyanırlar
Present Progressive:	uyanıyorum, uyanıyorsun, uyanıyor uyanıyoruz, uyanıyorsunuz, uyanıyorlar
Future:	uyanacağım, uyanacaksın, uyanacak uyanacağız, uyanacaksınız, uyanacaklar
Definite Past:	uyandım, uyandın, uyandı uyandık, uyandınız, uyandılar
Indefinite Past:	uyanmışım, uyanmışsın, uyanmış uyanmışız, uyanmışsınız, uyanmışlar
Necessity:	uyanmalıyım, uyanmalısın, uyanmalı(dır) uyanmalıyız, uyanmalısınız, uyanmalı(dır)lar
Optative: *(Subjunctive)*	uyanayım, uyanasın, uyana uyanalım, uyanasınız, uyanalar
Conditional:	uyansam, uyansan, uyansa uyansak, uyansanız, uyansalar
Imperative:	_____ uyan, uyansın uyanın (uyanınız), uyansınlar

uygulamak

to carry out, to apply,
to implement

Aorist/Present: uygularım, uygularsın, uygular
uygularız, uygularsınız, uygularlar

Present Progressive: uyguluyorum, uyguluyorsun, uyguluyor
uyguluyoruz, uyguluyorsunuz, uyguluyorlar

Future: uygulayacağım, uygulayacaksın, uygulayacak
uygulayacağız, uygulayacaksınız, uygulayacaklar

Definite Past: uyguladım, uyguladın, uyguladı
uyguladık, uyguladınız, uyguladılar

Indefinite Past: uygulamışım, uygulamışsın, uygulamış
uygulamışız, uygulamışsınız, uygulamışlar

Necessity: uygulamalıyım, uygulamalısın, uygulamalı(dır)
uygulamalıyız, uygulamalısınız,uygulamalı(dır)lar

Optative: uygulayayım, uygulayasın, uygulaya
(Subjunctive) uygulayalım, uygulayasınız, uygulayalar

Conditional: uygulasam, uygulasan, uygulasa
uygulasak, uygulasanız, uygulasalar

Imperative: _____ uygula, uygulasın
uygulayın (uygulayınız), uygulasınlar

to fit, to suit, to match,
to conform, to comply,
to adapt oneself to

Aorist/Present: uyarım, uyarsın, uyar
uyarız, uyarsınız, uyarlar

Present Progressive: uyuyorum, uyuyorsun, uyuyor
uyuyoruz, uyuyorsunuz, uyuyorlar

Future: uyacağım, uyacaksın, uyacak
uyacağız, uyacaksınız, uyacaklar

Definite Past: uydum, uydun, uydu
uyduk, uydunuz, uydular

Indefinite Past: uymuşum, uymuşsun, uymuş
uymuşuz, uymuşsunuz, uymuşlar

Necessity: uymalıyım, uymalısın, uymalı(dır)
uymalıyız, uymalısınız, uymalı(dır)lar

Optative:
(Subjunctive) uyayım, uyasın, uya
uyalım, uyasınız, uyalar

Conditional: uysam, uysan, uysa
uysak, uysanız, uysalar

Imperative: uy, uysun
uyun (uyunuz), uysunlar

uyumak

to sleep, to be negligent

Aorist/Present: uyurum, uyursun, uyur
uyuruz, uyursunuz, uyurlar

Present Progressive: uyuyorum, uyuyorsun, uyuyor
uyuyoruz, uyuyorsunuz, uyuyorlar

Future: uyuyacağım, uyuyacaksın, uyuyacak
uyuyacağız, uyuyacaksınız, uyuyacaklar

Definite Past: uyudum, uyudun, uyudu
uyuduk, uyudunuz, uyudular

Indefinite Past: uyumuşum, uyumuşsun, uyumuş
uyumuşuz, uyumuşsunuz, uyumuşlar

Necessity: uyumalıyım, uyumalısın, uyumalı(dır)
uyumalıyız, uyumalısınız, uyumalı(dır)lar

Optative: uyuyayım, uyuyasın, uyuya
(Subjunctive) uyuyalım, uyuyasınız, uyuyalar

Conditional: uyusam, uyusan, uyusa
uyusak, uyusanız, uyusalar

Imperative: uyu, uyusun
uyuyun (uyuyunuz), uyusunlar

	to stretch, to extend, to grow taller or longer, to become tedious
Aorist/Present:	uzarım, uzarsın, uzar uzarız, uzarsınız, uzarlar
Present Progressive:	uzuyorum, uzuyorsun, uzuyor uzuyoruz, uzuyorsunuz, uzuyorlar
Future:	uzayacağım, uzayacaksın, uzayacak uzayacağız, uzayacaksınız, uzayacaklar
Definite Past:	uzadım, uzadın, uzadı uzadık, uzadınız, uzadılar
Indefinite Past:	uzamışım, uzamışsın, uzamış uzamışız, uzamışsınız, uzamışlar
Necessity:	uzamalıyım, uzamalısın, uzamalı(dır) uzamalıyız, uzamalısınız, uzamalı(dır)lar
Optative: *(Subjunctive)*	uzayayım, uzayasın, uzaya uzayalım, uzayasınız, uzayalar
Conditional:	uzasam, uzasan, uzasa uzasak, uzasanız, uzasalar
Imperative:	———— uza, uzasın uzayın (uzayınız), uzasınlar

to blow (out)

Aorist/Present: üflerim, üflersin, üfler
üfleriz, üflersiniz, üflerler

Present Progressive: üflüyorum, üflüyorsun, üflüyor
üflüyoruz, üflüyorsunuz, üflüyorlar

Future: üfleyeceğim, üfleyeceksin, üfleyecek
üfleyeceğiz, üfleyeceksiniz, üfleyecekler

Definite Past: üfledim, üfledin, üfledi
üfledik, üflediniz, üflediler

Indefinite Past: üflemişim, üflemişsin, üflemiş
üflemişiz, üflemişsiniz, üflemişler

Necessity: üflemeliyim, üflemelisin, üflemeli(dir)
üflemeliyiz, üflemelisiniz, üflemeli(dir)ler

Optative: üfleyeyim, üfleyesin, üfleye
(Subjunctive) üfleyelim, üfleyesiniz, üfleyeler

Conditional: üflesem, üflesen, üflese
üflesek, üfleseniz, üfleseler

Imperative: üfle, üflesin
üfleyin (üfleyiniz), üflesinler

to produce, to breed,
to raise

Aorist/Present: üretirim, üretirsin, üretir
üretiriz, üretirsiniz, üretirler

Present Progressive: üretiyorum, üretiyorsun, üretiyor
üretiyoruz, üretiyorsunuz, üretiyorlar

Future: üreteceğim, üreteceksin, üretecek
üreteceğiz, üreteceksiniz, üretecekler

Definite Past: ürettim, ürettin, üretti
ürettik, ürettiniz, ürettiler

Indefinite Past: üretmişim, üretmişsin, üretmiş
üretmişiz, üretmişsiniz, üretmişler

Necessity: üretmeliyim, üretmelisin, üretmeli(dir)
üretmeliyiz, üretmelisiniz, üretmeli(dir)ler

Optative: üreteyim, üretesin, ürete
(Subjunctive) üretelim, üretesiniz, üreteler

Conditional: üretsem, üretsen, üretse
üretsek, üretseniz, üretseler

Imperative: üret, üretsin
üretin (üretiniz), üretsinler

to be too lazy to do
something

Aorist/Present:	üşenirim, üşenirsin, üşenir üşeniriz, üşenirsiniz, üşenirler
Present Progressive:	üşeniyorum, üşeniyorsun, üşeniyor üşeniyoruz, üşeniyorsunuz, üşeniyorlar
Future:	üşeneceğim, üşeneceksin, üşenecek üşeneceğiz, üşeneceksiniz, üşenecekler
Definite Past:	üşendim, üşendin, üşendi üşendik, üşendiniz, üşendiler
Indefinite Past:	üşenmişim, üşenmişsin, üşenmiş üşenmişiz, üşenmişsiniz, üşenmişler
Necessity:	üşenmeliyim, üşenmelisin, üşenmeli(dir) üşenmeliyiz, üşenmelisiniz, üşenmeli(dir)ler
Optative: *(Subjunctive)*	üşeneyim, üşenesin, üşene üşenelim, üşenesiniz, üşeneler
Conditional:	üşensem, üşensen, üşense üşensek, üşenseniz, üşenseler
Imperative:	üşen, üşensin üşenin (üşeniniz), üşensinler

to feel cold, to shiver

Aorist/Present:	üşürüm, üşürsün, üşür üşürüz, üşürsünüz, üşürler
Present Progressive:	üşüyorum, üşüyorsun, üşüyor üşüyoruz, üşüyorsunuz, üşüyorlar
Future:	üşüyeceğim, üşüyeceksin, üşüyecek üşüyeceğiz, üşüyeceksiniz, üşüyecekler
Definite Past:	üşüdüm, üşüdün, üşüdü üşüdük, üşüdünüz, üşüdüler
Indefinite Past:	üşümüşüm, üşümüşsün, üşümüş üşümüşüz, üşümüşsünüz, üşümüşler
Necessity:	üşümeliyim, üşümelisin, üşümeli(dir) üşümeliyiz, üşümelisiniz, üşümeli(dir)ler
Optative: *(Subjunctive)*	üşüyeyim, üşüyesin, üşüye üşüyelim, üşüyesiniz, üşüyeler
Conditional:	üşüsem, üşüsen, üşüse üşüsek, üşüseniz, üşüseler
Imperative:	———— üşü, üşüsün üşüyün (üşüyünüz), üşüsünler

176

to be sad, sorry or worried

Aorist/Present:	üzülürüm, üzülürsün, üzülür üzülürüz, üzülürsünüz, üzülürler
Present Progressive:	üzülüyorum, üzülüyorsun, üzülüyor üzülüyoruz, üzülüyorsunuz, üzülüyorlar
Future:	üzüleceğim, üzüleceksin, üzülecek üzüleceğiz, üzeleceksiniz, üzülecekler
Definite Past:	üzüldüm, üzüldün, üzüldü üzüldük, üzüldünüz, üzüldüler
Indefinite Past:	üzülmüşüm, üzülmüşsün, üzülmüş üzülmüşüz, üzülmüşsünüz, üzülmüşler
Necessity:	üzülmeliyim, üzülmelisin, üzülmeli(dir) üzülmeliyiz, üzülmelisiniz, üzülmeli(dir)ler
Optative: *(Subjunctive)*	üzüleyim, üzülesin, üzüle üzülelim, üzülesiniz, üzüleler
Conditional:	üzülsem, üzülsen, üzülse üzülsek, üzülseniz, üzülseler
Imperative:	_____ üzül, üzülsün üzülün (üzülünüz), üzülsünler

to arrive, to reach

Aorist/Present:	varırım, varırsın, varır varırız, varırsınız, varırlar
Present Progressive:	varıyorum, varıyorsun, varıyor varıyoruz, varıyorsunuz, varıyorlar
Future:	varacağım, varacaksın, varacak varacağız, varacaksınız, varacaklar
Definite Past:	vardım, vardın, vardı vardık, vardınız, vardılar
Indefinite Past:	varmışım, varmışsın, varmış varmışız, varmışsınız, varmışlar
Necessity:	varmalıyım, varmalısın, varmalı(dır) varmalıyız, varmalısınız, varmalı(dır)lar
Optative: *(Subjunctive)*	varayım, varasın, vara varalım, varasınız, varalar
Conditional:	varsam, varsan, varsa varsak, varsanız, varsalar
Imperative:	_____ var, varsın varın (varınız), varsınlar

to give up, to change one's
mind or plans

Aorist/Present: vazgeçerim, vazgeçersin, vazgeçer
vazgeçeriz, vazgeçersiniz, vazgeçerler

Present Progressive: vazgeçiyorum, vazgeçiyorsun, vazgeçiyor
vazgeçiyoruz, vazgeçiyorsunuz, vazgeçiyorlar

Future: vazgeçeceğim, vazgeçeceksin, vazgeçecek
vazgeçeceğiz, vazgeçeceksiniz, vazgeçecekler

Definite Past: vazgeçtim, vazgeçtin, vazgeçti
vazgeçtik, vazgeçtiniz, vazgeçtiler

Indefinite Past: vazgeçmişim, vazgeçmişsin, vazgeçmiş
vazgeçmişiz, vazgeçmişsiniz, vazgeçmişler

Necessity: vazgeçmeliyim, vazgeçmelisin, vazgeçmeli(dir)
vazgeçmeliyiz, vazgeçmelisiniz, vazgeçmeli(dir)ler

Optative: vazgeçeyim, vazgeçesin, vazgeçe
(Subjunctive) vazgeçelim, vazgeçesiniz, vazgeçeler

Conditional: vazgeçsem, vazgeçsen, vazgeçse
vazgeçsek, vazgeçseniz, vazgeçseler

Imperative: vazgeç, vazgeçsin
vazgeçin (vazgeçiniz), vazgeçsinler

to give

Aorist/Present: veririm, verirsin, verir
veririz, verirsiniz, verirler

Present Progressive: veriyorum, veriyorsun, veriyor
veriyoruz, veriyorsunuz, veriyorlar

Future: vereceğim, vereceksin, verecek
vereceğiz, vereceksiniz, verecekler

Definite Past: verdim, verdin, verdi
verdik, verdiniz, verdiler

Indefinite Past: vermişim, vermişsin, vermiş
vermişiz, vermişsiniz, vermişler

Necessity: vermeliyim, vermelisin, vermeli(dir)
vermeliyiz, vermelisiniz, vermeli(dir)ler

Optative: vereyim, veresin, vere
(Subjunctive) verelim, veresiniz, vereler

Conditional: versem, versen, verse
versek, verseniz, verseler

Imperative: _____ ver, versin
_____ verin (veriniz), versinler

to strike, to hit,
to shoot, to pound

Aorist/Present: vururum, vurursun, vurur
vururuz, vurursunuz, vururlar

Present Progressive: vuruyorum, vuruyorsun, vuruyor
vuruyoruz, vuruyorsunuz, vuruyorlar

Future: vuracağım, vuracaksın, vuracak
vuracağız, vuracaksınız, vuracaklar

Definite Past: vurdum, vurdun, vurdu
vurduk, vurdunuz, vurdular

Indefinite Past: vurmuşum, vurmuşsun, vurmuş
vurmuşuz, vurmuşsunuz, vurmuşlar

Necessity: vurmalıyım, vurmalısın, vurmalı(dır)
vurmalıyız, vurmalısınız, vurmalı(dır)lar

Optative: vurayım, vurasın, vura
(Subjunctive) vuralım, vurasınız, vuralar

Conditional: vursam, vursan, vursa
vursak, vursanız, vursalar

Imperative: _____ vur, vursun
vurun (vurunuz), vursunlar

to rain, to snow,
to pour down

Aorist/Present:	yağarım, yağarsın, yağar yağarız, yağarsınız, yağarlar
Present Progressive:	yağıyorum, yağıyorsun, yağıyor yağıyoruz, yağıyorsunuz, yağıyorlar
Future:	yağacağım, yağacaksın, yağacak yağacağız, yağacaksınız, yağacaklar
Definite Past:	yağdım, yağdın, yağdı yağdık, yağdınız, yağdılar
Indefinite Past:	yağmışım, yağmışsın, yağmış yağmışız, yağmışsınız, yağmışlar
Necessity:	yağmalıyım, yağmalısın, yağmalı(dır) yağmalıyız, yağmalısınız, yağmalı(dır)lar
Optative: *(Subjunctive)*	yağayım, yağasın, yağa yağalım, yağasınız, yağalar
Conditional:	yağsam, yağsan, yağsa yağsak, yağsanız, yağsalar
Imperative:	——— yağ, yağsın yağın (yağınız), yağsınlar

to catch, to seize,
to apprehend

Aorist/Present: yakalarım, yakalarsın, yakalar
yakalarız, yakalarsınız, yakalarlar

Present Progressive: yakalıyorum, yakalıyorsun, yakalıyor
yakalıyoruz, yakalıyorsunuz, yakalıyorlar

Future: yakalayacağım, yakalayacaksın, yakalayacak
yakalayacağız, yakalayacaksınız, yakalayacaklar

Definite Past: yakaladım, yakaladın, yakaladı
yakaladık, yakaladınız, yakaladılar

Indefinite Past: yakalamışım, yakalamışsın, yakalamış
yakalamışız, yakalamışsınız, yakalamışlar

Necessity: yakalamalıyım, yakalamalısın, yakalamalı(dır)
yakalamalıyız, yakalamalısınız, yakalamalı(dır)lar

Optative: yakalayayım, yakalayasın, yakalaya
(Subjunctive) yakalayalım, yakalayasınız, yakalayalar

Conditional: yakalasam, yakalasan, yakalasa
yakalasak, yakalasanız, yakalasalar

Imperative: _____ yakala, yakalasın
yakalayın (yakalayınız), yakalasınlar

to draw near, to approach,
to approximate

Aorist/Present: yaklaşırım, yaklaşırsın, yaklaşır
yaklaşırız, yaklaşırsınız, yaklaşırlar

Present Progressive: yaklaşıyorum, yaklaşıyorsun, yaklaşıyor
yaklaşıyoruz, yaklaşıyorsunuz, yaklaşıyorlar

Future: yaklaşacağım, yaklaşacaksın, yaklaşacak
yaklaşacağız, yaklaşacaksınız, yaklaşacaklar

Definite Past: yaklaştım, yaklaştın, yaklaştı
yaklaştık, yaklaştınız, yaklaştılar

Indefinite Past: yaklaşmışım, yaklaşmışsın, yaklaşmış
yaklaşmışız, yaklaşmışsınız, yaklaşmışlar

Necessity: yaklaşmalıyım, yaklaşmalısın, yaklaşmalı(dır)
yaklaşmalıyız, yaklaşmalısınız, yaklaşmalı(dır)lar

Optative: yaklaşayım, yaklaşasın, yaklaşa
(Subjunctive) yaklaşalım, yaklaşasınız, yaklaşalar

Conditional: yaklaşsam, yaklaşsan, yaklaşsa
yaklaşsak, yaklaşsanız, yaklaşsalar

Imperative: _____ yaklaş, yaklaşsın
yaklaşın (yaklaşınız), yaklaşsınlar

to set on fire, to scorch
to burn something

Aorist/Present: yakarım, yakarsın, yakar
yakarız, yakarsınız, yakarlar

Present Progressive: yakıyorum, yakıyorsun, yakıyor
yakıyoruz, yakıyorsunuz, yakıyorlar

Future: yakacağım, yakacaksın, yakacak
yakacağız, yakacaksınız, yakacaklar

Definite Past: yaktım, yaktın, yaktı
yaktık, yaktınız, yaktılar

Indefinite Past: yakmışım, yakmışsın, yakmış
yakmışız, yakmışsınız, yakmışlar

Necessity: yakmalıyım, yakmalısın, yakmalı(dır)
yakmalıyız, yakmalısınız, yakmalı(dır)lar

Optative: yakayım, yakasın, yaka
(Subjunctive) yakalım, yakasınız, yakalar

Conditional: yaksam, yaksan, yaksa
yaksak, yaksanız, yaksalar

Imperative: _____ yak, yaksın
yakın (yakınız), yaksınlar

to beg, to implore

Aorist/Present:	yalvarırım, yalvarırsın, yalvarır yalvarırız, yalvarırsınız, yalvarırlar
Present Progressive:	yalvarıyorum, yalvarıyorsun, yalvarıyor yalvarıyoruz, yalvarıyorsunuz, yalvarıyorlar
Future:	yalvaracağım, yalvaracaksın, yalvaracak yalvaracağız, yalvaracaksınız, yalvaracaklar
Definite Past:	yalvardım, yalvardın, yalvardı yalvardık, yalvardınız, yalvardılar
Indefinite Past:	yalvarmışım, yalvarmışsın, yalvarmış yalvarmışız, yalvarmışsınız, yalvarmışlar
Necessity:	yalvarmalıyım, yalvarmalısın, yalvarmalı(dır) yalvarmalıyız, yalvarmalısınız, yalvarmalı(dır)lar
Optative: *(Subjunctive)*	yalvarayım, yalvarasın, yalvara yalvaralım, yalvarasınız, yalvaralar
Conditional:	yalvarsam, yalvarsan, yalvarsa yalvarsak, yalvarsanız, yalvarsalar
Imperative:	_____ yalvar, yalvarsın yalvarın (yalvarınız), yalvarsınlar

to burn, to catch fire,
to be consumed by fire
or fever

Aorist/Present: yanarım, yanarsın, yanar
yanarız, yanarsınız, yanarlar

Present Progressive: yanıyorum, yanıyorsun, yanıyor
yanıyoruz, yanıyorsunuz, yanıyorlar

Future: yanacağım, yanacaksın, yanacak
yanacağız, yanacaksınız, yanacaklar

Definite Past: yandım, yandın, yandı
yandık, yandınız, yandılar

Indefinite Past: yanmışım, yanmışsın, yanmış
yanmışız, yanmışsınız, yanmışlar

Necessity: yanmalıyım, yanmalısın, yanmalı(dır)
yanmalıyız, yanmalısınız, yanmalı(dır)lar

Optative: yanayım, yanasın, yana
(Subjunctive) yanalım, yanasınız, yanalar

Conditional: yansam, yansan, yansa
yansak, yansanız, yansalar

Imperative: ——— yan, yansın
yanın (yanınız), yansınlar

to make, to do, to build
to construct

Aorist/Present: yaparım, yaparsın, yapar
yaparız, yaparsınız, yaparlar

Present Progressive: yapıyorum, yapıyorsun, yapıyor
yapıyoruz, yapıyorsunuz, yapıyorlar

Future: yapacağım, yapacaksın, yapacak
yapacağız, yapacaksınız, yapacaklar

Definite Past: yaptım, yaptın, yaptı
yaptık, yaptınız, yaptılar

Indefinite Past: yapmışım, yapmışsın, yapmış
yapmışız, yapmışsınız, yapmışlar

Necessity: yapmalıyım, yapmalısın, yapmalı(dır)
yapmalıyız, yapmalısınız, yapmalı(dır)lar

Optative:
(Subjunctive) yapayım, yapasın, yapa
yapalım, yapasınız, yapalar

Conditional: yapsam, yapsan, yapsa
yapsak, yapsanız, yapsalar

Imperative: _____ yap, yapsın
yapın (yapınız), yapsınlar

to live, to live well

Aorist/Present:	yaşarım, yaşarsın, yaşar
	yaşarız, yaşarsınız, yaşarlar
Present Progressive:	yaşıyorum, yaşıyorsun, yaşıyor
	yaşıyoruz, yaşıyorsunuz, yaşıyorlar
Future:	yaşayacağım, yaşayacaksın, yaşayacak
	yaşayacağız, yaşayacaksınız, yaşayacaklar
Definite Past:	yaşadım, yaşadın, yaşadı
	yaşadık, yaşadınız, yaşadılar
Indefinite Past:	yaşamışım, yaşamışsın, yaşamış
	yaşamışız, yaşamışsınız, yaşamışlar
Necessity:	yaşamalıyım, yaşamalısın, yaşamalı(dır)
	yaşamalıyız, yaşamalısınız, yaşamalı(dır)lar
Optative: *(Subjunctive)*	yaşayayım, yaşayasın, yaşaya
	yaşayalım, yaşayasınız, yaşayalar
Conditional:	yaşasam, yaşasan, yaşasa
	yaşasak, yaşasanız, yaşasalar
Imperative:	yaşa, yaşasın
	yaşayın (yaşayınız), yaşasınlar

to grow old

Aorist/Present: yaşlanırım, yaşlanırsın, yaşlanır
yaşlanırız, yaşlanırsınız, yaşlanırlar

Present Progressive: yaşlanıyorum, yaşlanıyorsun, yaşlanıyor
yaşlanıyoruz, yaşlanıyorsunuz, yaşlanıyorlar

Future: yaşlanacağım, yaşlanacaksın, yaşlanacak
yaşlanacağız, yaşlanacaksınız, yaşlanacaklar

Definite Past: yaşlandım, yaşlandın, yaşlandı
yaşlandık, yaşlandınız, yaşlandılar

Indefinite Past: yaşlanmışım, yaşlanmışsın, yaşlanmış
yaşlanmışız, yaşlanmışsınız, yaşlanmışlar

Necessity: yaşlanmalıyım, yaşlanmalısın, yaşlanmalı(dır)
yaşlanmalıyız, yaşlanmalısınız,yaşlanmalı(dır)lar

Optative: yaşlanayım, yaşlanasın, yaşlana
(Subjunctive) yaşlanalım, yaşlanasınız, yaşlanalar

Conditional: yaşlansam, yaşlansan, yaşlansa
yaşlansak, yaşlansanız, yaşlansalar

Imperative: _____ yaşlan, yaşlansın
yaşlanın (yaşlanınız), yaşlansınlar

to lie down, to lay,
to go to bed, to become
flat, to lean

Aorist/Present: yatarım, yatarsın, yatar
yatarız, yatarsınız, yatarlar

Present Progressive: yatıyorum, yatıyorsun, yatıyor
yatıyoruz, yatıyorsunuz, yatıyorlar

Future: yatacağım, yatacaksın, yatacak
yatacağız, yatacaksınız, yatacaklar

Definite Past: yattım, yattın, yattı
yattık, yattınız, yattılar

Indefinite Past: yatmışım, yatmışsın, yatmış
yatmışız, yatmışsınız, yatmışlar

Necessity: yatmalıyım, yatmalısın, yatmalı(dır)
yatmalıyız, yatmalısınız, yatmalı(dır)lar

Optative: yatayım, yatasın, yata
(Subjunctive) yatalım, yatasınız, yatalar

Conditional: yatsam, yatsan, yatsa
yatsak, yatsanız, yatsalar

Imperative: ——— yat, yatsın
yatın (yatınız), yatsınlar

to write, to register

Aorist/Present: yazarım, yazarsın, yazar
yazarız, yazarsınız, yazarlar

Present Progressive: yazıyorum, yazıyorsun, yazıyor
yazıyoruz, yazıyorsunuz, yazıyorlar

Future: yazacağım, yazacaksın, yazacak
yazacağız, yazacaksınız, yazacaklar

Definite Past: yazdım, yazdın, yazdı
yazdık, yazdınız, yazdılar

Indefinite Past: yazmışım, yazmışsın, yazmış
yazmışız, yazmışsınız, yazmışlar

Necessity: yazmalıyım, yazmalısın, yazmalı(dır)
yazmalıyız, yazmalısınız, yazmalı(dır)lar

Optative: yazayım, yazasın, yaza
(Subjunctive) yazalım, yazasınız, yazalar

Conditional: yazsam, yazsan, yazsa
yazsak, yazsanız, yazsalar

Imperative: _____ yaz, yazsın
yazın (yazınız), yazsınlar

to eat

Aorist/Present:	yerim, yersin, yer
	yeriz, yersiniz, yerler
Present Progressive:	yiyorum, yiyorsun, yiyor
	yiyoruz, yiyorsunuz, yiyorlar
Future:	yiyeceğim, yiyeceksin, yiyecek
	yiyeceğiz, yiyeceksiniz, yiyecekler
Definite Past:	yedim, yedin, yedi
	yedik, yediniz, yediler
Indefinite Past:	yemişim, yemişsin, yemiş
	yemişiz, yemişsiniz, yemişler
Necessity:	yemeliyim, yemelisin, yemeli(dir)
	yemeliyiz, yemelisiniz, yemeli(dir)ler
Optative:	yiyeyim, yiyesin, yiye
(Subjunctive)	yiyelim, yiyesiniz, yiyeler
Conditional:	yesem, yesen, yese
	yesek, yeseniz, yeseler
Imperative:	ye, yesin
	yiyin (yiyiniz), yesinler

to wash something

Aorist/Present: yıkarım, yıkarsın, yıkar
yıkarız, yıkarsınız, yıkarlar

Present Progressive: yıkıyorum, yıkıyorsun, yıkıyor
yıkıyoruz, yıkıyorsunuz, yıkıyorlar

Future: yıkayacağım, yıkacayacaksın, yıkayacak
yıkayacağız, yıkayacaksınız, yıkayacaklar

Definite Past: yıkadım, yıkadın, yıkadı
yıkadık, yıkadınız, yıkadılar

Indefinite Past: yıkamışım, yıkamışsın, yıkamış
yıkamışız, yıkamışsınız, yıkamışlar

Necessity: yıkamalıyım, yıkamalısın, yıkamalı(dır)
yıkamalıyız, yıkamalısınız, yıkamalı(dır)lar

Optative:
(Subjunctive) yıkayayım, yıkayasın, yıkaya
yıkayalım, yıkayasınız, yıkayalar

Conditional: yıkasam, yıkasan, yıkasa
yıkasak, yıkasanız, yıkasalar

Imperative: _____ yıka, yıkasın
yıkayın (yıkayınız), yıkasınlar

to tear down, to demolish,
to destroy, to devastate

Aorist/Present: yıkarım, yıkarsın, yıkar
yıkarız, yıkarsınız, yıkarlar

Present Progressive: yıkıyorum, yıkıyorsun, yıkıyor
yıkıyoruz, yıkıyorsunuz, yıkıyorlar

Future: yıkacağım, yıkacaksın, yıkacak
yıkacağız, yıkacaksınız, yıkacaklar

Definite Past: yıktım, yıktın, yıktı
yıktık, yıktınız, yıktılar

Indefinite Past: yıkmışım, yıkmışsın, yıkmış
yıkmışız, yıkmışsınız, yıkmışlar

Necessity: yıkmalıyım, yıkmalısın, yıkmalı(dır)
yıkmalıyız, yıkmalısınız, yıkmalı(dır)lar

Optative: yıkayım, yıkasın, yıka
(Subjunctive) yıkalım, yıkasınız, yıkalar

Conditional: yıksam, yıksan, yıksa
yıksak, yıksanız, yıksalar

Imperative: yık, yıksın
yıkın (yıkınız), yıksınlar

to tear, to rend, to slit

Aorist/Present:	yırtarım, yırtarsın, yırtar
	yırtarız, yırtarsınız, yırtarlar
Present Progressive:	yırtıyorum, yırtıyorsun, yırtıyor
	yırtıyoruz, yırtıyorsunuz, yırtıyorlar
Future:	yırtacağım, yırtacaksın, yırtacak
	yırtacağız, yırtacaksınız, yırtacaklar
Definite Past:	yırttım, yırttın, yırttı
	yırttık, yırttınız, yırttılar
Indefinite Past:	yırtmışım, yırtmışsın, yırtmış
	yırtmışız, yırtmışsınız, yırtmışlar
Necessity:	yırtmalıyım, yırtmalısın, yırtmalı(dır)
	yırtmalıyız, yırtmalısınız, yırtmalı(dır)lar
Optative:	yırtayım, yırtasın, yırta
(Subjunctive)	yırtalım, yırtasınız, yırtalar
Conditional:	yırtsam, yırtsan, yırtsa
	yırtsak, yırtsanız, yırtsalar
Imperative:	yırt, yırtsın
	yırtın (yırtınız), yırtsınlar

yollamak

to send

Aorist/Present:	yollarım, yollarsın, yollar yollarız, yollarsınız, yollarlar
Present Progressive:	yolluyorum, yolluyorsun, yolluyor yolluyoruz, yolluyorsunuz, yolluyorlar
Future:	yollayacağım, yollayacaksın, yollayacak yollayacağız, yollayacaksınız, yollayacaklar
Definite Past:	yolladım, yolladın, yolladı yolladık, yolladınız, yolladılar
Indefinite Past:	yollamışım, yollamışsın, yollamış yollamışız, yollamışsınız, yollamışlar
Necessity:	yollamalıyım, yollamalısın, yollamalı(dır) yollamalıyız, yollamalısınız, yollamalı(dır)lar
Optative: *(Subjunctive)*	yollayayım, yollayasın, yollaya yollayalım, yollayasınız, yollayalar
Conditional:	yollasam, yollasan, yollasa yollasak, yollasanız, yollasalar
Imperative:	yolla, yollasın yollayın (yollayınız), yollasınlar

to be tired

Aorist/Present:	yorulurum, yorulursun, yorulur yoruluruz, yorulursunuz, yorulurlar
Present Progressive:	yoruluyorum, yoruluyorsun, yoruluyor yoruluyoruz, yoruluyorsunuz, yoruluyorlar
Future:	yorulacağım, yorulacaksın, yorulacak yorulacağız, yorulacaksınız, yorulacaklar
Definite Past:	yoruldum, yoruldun, yoruldu yorulduk, yoruldunuz, yoruldular
Indefinite Past:	yorulmuşum, yorulmuşsun, yorulmuş yorulmuşuz, yorulmuşsunuz, yorulmuşlar
Necessity:	yorulmalıyım, yorulmalısın, yorulmalı(dır) yorulmalıyız, yorulmalısınız, yorulmalı(dır)lar
Optative: *(Subjunctive)*	yorulayım, yorulasın, yorula yorulalım, yorulasınız, yorulalar
Conditional:	yorulsam, yorulsan, yorulsa yorulsak, yorulsanız, yorulsalar
Imperative:	yorul, yorulsun yorulun (yorulunuz), yorulsunlar

to administer, to govern,
to direct (play, film), to
manage

Aorist/Present: yönetirim, yönetirsin, yönetir
yönetiriz, yönetirsiniz, yönetirler

Present Progressive: yönetiyorum, yönetiyorsun, yönetiyor
yönetiyoruz, yönetiyorsunuz, yönetiyorlar

Future: yöneteceğim, yöneteceksin, yönetecek
yöneteceğiz, yöneteceksiniz, yönetecekler

Definite Past: yönettim, yönettin, yönetti
yönettik, yönettiniz, yönettiler

Indefinite Past: yönetmişim, yönetmişsin, yönetmiş
yönetmişiz, yönetmişsiniz, yönetmişler

Necessity: yönetmeliyim, yönetmelisin, yönetmeli(dir)
yönetmeliyiz, yönetmelisiniz, yönetmeli(dir)ler

Optative: yöneteyim, yönetesin, yönete
(Subjunctive) yönetelim, yönetesiniz, yöneteler

Conditional: yönetsem, yönetsen, yönetse
yönetsek, yönetseniz, yönetseler

Imperative: ⎯⎯⎯⎯ yönet, yönetsin
yönetin (yönetiniz), yönetsinler

to walk, to march, to move

Aorist/Present: yürürüm, yürürsün, yürür
yürürüz, yürürsünüz, yürürler

Present Progressive: yürüyorum, yürüyorsun, yürüyor
yürüyoruz, yürüyorsunuz, yürüyorlar

Future: yürüyeceğim, yürüyeceksin, yürüyecek
yürüyeceğiz, yürüyeceksiniz, yürüyecekler

Definite Past: yürüdüm, yürüdün, yürüdü
yürüdük, yürüdünüz, yürüdüler

Indefinite Past: yürümüşüm, yürümüşsün, yürümüş
yürümüşüz, yürümüşsünüz, yürümüşler

Necessity: yürümeliyim, yürümelisin, yürümeli(dir)
yürümeliyiz, yürümelisiniz, yürümeli(dir)ler

Optative: yürüyeyim, yürüyesin, yürüye
(Subjunctive) yürüyelim, yürüyesiniz, yürüyeler

Conditional: yürüsem, yürüsen, yürüse
yürüsek, yürüseniz, yürüseler

Imperative: ⎯⎯⎯ yürü, yürüsün
yürüyün (yürüyünüz), yürüsünler

to swim, to float, to flay

Aorist/Present:	yüzerim, yüzersin, yüzer yüzeriz, yüzersiniz, yüzerler
Present Progressive:	yüzüyorum, yüzüyorsun, yüzüyor yüzüyoruz, yüzüyorsunuz, yüzüyorlar
Future:	yüzeceğim, yüzeceksin, yüzecek yüzeceğiz, yüzeceksiniz, yüzecekler
Definite Past:	yüzdüm, yüzdün, yüzdü yüzdük, yüzdünüz, yüzdüler
Indefinite Past:	yüzmüşüm, yüzmüşsün, yüzmüş yüzmüşüz, yüzmüşsünüz, yüzmüşler
Necessity:	yüzmeliyim, yüzmelisin, yüzmeli(dir) yüzmeliyiz, yüzmelisiniz, yüzmeli(dir)ler
Optative: *(Subjunctive)*	yüzeyim, yüzesin, yüze yüzelim, yüzesiniz, yüzeler
Conditional:	yüzsem, yüzsen, yüzse yüzsek, yüzseniz, yüzseler
Imperative:	yüz, yüzsün yüzün (yüzünüz), yüzsünler

Conjugation of Negative

and Interrogative Forms

The 201 verbs in this book are all conjugated in the _affirmative_.

The following is a list of sample conjugations of various verbs in their _affirmative_ _interrogative_, _negative_, and _negative_ _interrogative_ forms in all tenses:

AORIST/PRESENT	bulmak	Affirmative Interrogative

bulur muyum?
bulur musun?
bulur mu?

bulur muyuz?
bulur musunuz?
bulurlar mı?

Negative

bulmam
bulmazsın
bulmaz

bulmayız
bulmazsınız
bulmazlar

Negative Interrogative

bulmaz mıyım?
bulmaz mısın?
bulmaz mı?

bulmaz mıyız?
bulmaz mısınız?
bulmazlar mı?

PRESENT PROGRESSIVE	sevmek	Affirmative Interrogative

seviyor muyum?
seviyor musun?
seviyor mu?

seviyor muyuz?
seviyor musunuz?
seviyorlar mı?

Negative

sevmiyorum
sevmiyorsun
sevmiyor

sevmiyoruz
sevmiyorsunuz
sevmiyorlar

Negative Interrogative

sevmiyor muyum?
sevmiyor musun?
sevmiyor mu?

sevmiyor muyuz?
sevmiyor musunuz?
sevmiyorlar mı?

FUTURE	kalmak	Affirmative Interrogative

kalacak mıyım?
kalacak mısın?
kalacak mı?

kalacak mıyız?
kalacak mısınız?
kalacaklar mı?

Negative

kalmayacağım
kalmayacaksın
kalmayacak

kalmayacağız
kalmayacaksınız
kalmayacaklar

Negative Interrogative

kalmayacak mıyım?
kalmayacak mısın?
kalmayacak mı?

kalmayacak mıyız?
kalmayacak mısınız?
kalmayacaklar mı?

Note: The negative particle -ma
may also be spelled as -mı. For
instance, kalmıyacağım is also a
correct alternative.

DEFINITE PAST	girmek	Affirmative Interrogative

girdim mi?
girdin mi?
girdi mi?

girdik mi?
girdiniz mi?
girdiler mi?

Negative

girmedim
girmedin
girmedi

girmedik
girmediniz
girmediler

Negative Interrogative

girmedim mi?
girmedin mi?
girmedi mi?

girmedik mi?
girmediniz mi?
girmediler mi?

INDEFINITE PAST   olmak   <u>Affirmative</u> <u>Interrogative</u>

                                     olmuş muyum?
                                     olmuş musun?
                                     olmuş mu?

                                     olmuş muyuz?
                                     olmuş musunuz?
                                     olmuşlar mı?

<u>Negative</u>   <u>Negative</u> <u>Interrogative</u>

olmamışım   olmamış mıyım?
olmamışsın   olmamış mısın?
olmamış   olmamış mı?

olmamışız   olmamış mıyız?
olmamışsınız   olmamış mısınız?
olmamışlar   olmamışlar mı?

NECESSITY   görmek   <u>Affirmative</u> <u>Interrogative</u>

                                     görmeli miyim?
                                     görmeli misin?
                                     görmeli mi?

                                     görmeli miyiz?
                                     görmeli misiniz?
                                     görmeliler mi?

<u>Negative</u>   <u>Negative</u> <u>Interrogative</u>

görmemeliyim   görmemeli miyim?
görmemelisin   görmemeli misin?
görmemeli   görmemeli mi?

görmemeliyiz   görmemeli miyiz?
görmemelisiniz   görmemeli misiniz?
görmemeliler   görmemeliler mi?

OPTATIVE   düşünmek   <u>Affirmative</u> <u>Interrogative</u>
 (SUBJUNCTIVE)
                                     düşüneyim mi?
                                     düşüne misin?
                                     düşüne mi?

                                     düşünelim mi?
                                     düşüne misiniz?
                                     düşüneler mi?

Negative	Negative Interrogative
düşünmeyeyim	düşünmeyeyim mi?
düşünmeyesin	düşünmeye misin?
düşünmeye	düşünmeye mi?
düşünmeyelim	düşünmeyelim mi?
düşünmeyesiniz	düşünmeye misiniz?
düşünmeyeler	düşünmeyeler mi?

Note: The second and third persons are not widely
used. The negative particle −me may also be
spelled −mi: For instance, düşünmiyelim.

CONDITIONAL	okumak	Affirmative Interrogative
		okusam mı?
		okusan mı?
		okusa mı?
		okusak mı?
		okusanız mı?
		okusalar mı?

Negative	Negative Interrogative
okumasam	okumasam mı?
okumasan	okumasan mı?
okumasa	okumasa mı?
okumasak	okumasak mı?
okumasanız	okumasanız mı?
okumasalar	okumasalar mı?

IMPERATIVE	çıkmak	Affirmative Interrogative
		————
		çıksın mı?
		————
		çıksınlar mı?

Negative	Negative Interrogative
————	————
çıkma (çıkmayın)	————
çıkmasın	çıkmasın mı?
————	————
çıkmayın (çıkmayınız)	
çıkmasınlar	çıkmasınlar mı?

205

<u>Past</u> <u>Tense:</u>   "I was hopeful," etc.   "Umutlu" (adjective
                     or noun meaning hopeful)

         Umutluydum   Umutluyduk
         Umutluydun   Umutluydunuz
         Umutluydu   Umutluydular

                     "They were thin," etc.   "Zayıf" (adjective
                     or noun meaning thin or weak)

         Zayıftım   Zayıftık
         Zayıftın   Zayıftınız
         Zayıftı   Zayıftılar

                     "You were rich," etc.   "Zengin" (adjective
                     or noun meaning rich or wealthy)

         Zengindim   Zengindik
         Zengindin   Zengindiniz
         Zengindi   Zengindiler

<u>Indefinite</u> <u>Past</u> <u>Tense</u> (often expressing doubt or uncertainty):

                     "Supposedly he was fat," etc.   "Şişman"
                     (adjective or noun meaning fat)

         Şişmanmışım   Şişmanmışız
         Şişmanmışsın   Şişmanmışsınız
         Şişmanmış   Şişmanmışlar

         The negative forms of "to be" are constructed as
follows: The adjective or the noun followed by the word
"değil" (meaning not) to which the above personal suffixes
are attached.

<u>Present:</u>   Sarışın değilim.
           İyi değilsin.
           Aç değil(dir).

<u>Past:</u>   Umutlu değildik.
           Zayıf değildiniz.
           Zengin değildiler.

<u>Indefinite:</u> Şişman değilmişsin
                   değiş
                   değilmiş

                   değilmişiz
                   değilmişsiniz
                   değilmişler

206

The interrogative forms of "to be" are as follows:

Affirmative:

Present: Sarışın mıyım?   Sarışın mıyız?
         Sarışın mısın?   Sarışın mısınız?
         Sarışın mı(dır)?   Sarışın mı(dır)(lar)?

Past: Umutlu muydum?   Umutlu muyduk?
         Umutlu muydun?   Umutlu muydunuz?
         Umutlu muydu?   Umutlu muydu(lar)?

Indefinite: Şişman mıymışım?   Şişman mıymışız?
            Şişman mıymışsın?   Şişman mıymışsınız?
            Şişman mıymış?   Şişman mıymış(lar)?

Negative: Add to the word "değil" (meaning not) the same
            particles and suffix as above:

Present: Sarışın değil miyim?   or   Umutlu değil misiniz?

Past: İyi değil miydi?   or   Zengin değil miydin?

Indefinite: Aç mıymışsınız?   or   Zayıf değil miymişler?
                                        (alternative:
                                            Zayıf değiller miymiş?)

The Past and the Indefinite Past suffixes presented
above play an important part in the further permutations of the
basic conjugations. For the Past and Indefinite Past forms of
the 201 verbs conjugated in all the tenses, please refer to the
section entitled "Permutations of the Past Tenses".

COMPOUNDS AND AUXILIARY VERBS

Compounds and auxiliary verbs constitute a substantial segment of the repertoire of Turkish verbs. The majority of them consist of a noun followed by the auxiliary "etmek" (to do), "olmak" (to be, to become), "vermek" (to give), and several other common infinitives. The first word of the compound is usually a borrowal from Arabic - - although Turkish itself and occasionally Persian, French, Italian and other languages provide the initial word. A typical example is "istifa etmek" (to resign) consisting of "istifa" (resignation, adapted from the Arabic) and the auxiliary "etmek" (to do) - - in the sense of "to render one's resignation". The two elements of the compounds are normally written separately - - except in the case of most of the monosyllabic words borrowed from the Arabic (some, in fact, have their final consonants doubled: "af" (pardon, excuse, forgive) and "etmek" must be pronounced and written, not as "af etmek", but as "affetmek".) Also, some of the terminal consonants of Arabic borrowals are modified when "etmek" or "olmak" is attached: The noun "tereddüt" becomes "tereddüd" when it is followed by "etmek" in the compound meaning "to hesitate".

Regardless of the origin, meaning, spelling and variations of the compound's first component, the conjugation is made strictly on the basis of the auxiliary verb. In other words, "affetmek" is conjugated exactly the same way as "etmek" is conjugated in all tenses.

The following is a basic list of compound verbs grouped under the most common auxiliaries. As a result of a concerted effort in Turkey in the past decades to rid the language of its borrowals, many of the words in the left hand column have been supplanted by or are being employed along with revivals, derivatives or neologisms of Turkic origin. Such substitutes appear in parentheses in the middle column. The third column provides the English counterparts of the selected Turkish compound verbs.

Followed by almak (to take, get)

borç		to borrow
intikam		to take revenge
nefes	(soluk)	to breathe
nişan		to take aim
öç		to take revenge
yer		to take place, to occur
yol		to advance

Followed by atmak (to throw, cast, fling)

adım	to take a step
çığlık	to scream
çimdik	to pinch
dayak	to spank, to give a beating
demir	to weigh anchor
göbek	to do the bellydance
lâf	to chat, to be fresh to strangers
nâra	to holler
takla	to do a somersault
tekme	to kick
tokat	to slap

Followed by etmek (to do, make)
(in the listing below the full
form is given if the auxiliary
"etmek" is affixed to the first
word of the compound)

addetmek	(saymak)	to deem, suppose, esteem
affetmek	(bağışlamak)	to pardon, excuse, forgive
akıl		to think of
akın		to raid, storm, rush, crowd
aksetmek		to be reflected, echoed
alay		to poke fun
ameliyat		to perform surgery
armağan		to make a gift
arzetmek	(sunmak)	to present, submit, supply
arzu	(istemek)	to desire, wish
ateş		to fire at
ayar		to set or adjust
ayıb		to do something shameful
ayırd		to distinguish, set apart
bahane		to make up excuses
bahsetmek	(söz etmek)	to mention, talk about
bahşetmek		to give, grant
beraet		to be acquitted
berbad		to spoil, to make a mess
beyan	(bildirmek)	to declare
celbetmek		to attract, to issue a summons
cereyan		to happen, to take place
cesaret		to dare, venture
dâva		to sue
davet		to invite
def		to repulse, to get rid of

defnetmek	(gömmek)	to bury
değiş tokuş		to exchange, swap
delâlet		to guide, mediate, signify, act as an intermediary
devam	(sürmek, sürdürmek)	to go on, continue
devretmek		to turn over, transfer, revolve
dikkat		to pay attention, be careful
dua		to pray
emretmek		to order, command
endişe	(kaygılanmak)	to worry, be anxious
esef		to be sorry, feel regret
farketmek		to notice, make a difference
farzetmek		to suppose, imagine
feda		to sacrifice
fena		to do the wrong thing
feragat		to waive, to abdicate, give up
feshetmek		to abolish, cancel, annul
fethetmek		to conquer
gasbetmek		to seize, usurp, snatch away
gayret	(çabalamak)	to endeavor, try hard
göç		to migrate
güreş		to wrestle
haczetmek		to impound, expropriate
hakketmek		to deserve
halketmek	(yaratmak)	to create
halletmek	(çözmek, çözümlemek)	to solve
harab	(yıkmak, bozmak)	to destroy, ruin, devastate
harbetmek	(savaşmak)	to combat
hareket	(kalkmak)	to move, act, behave, depart
hasretmek		to confine, devote

hata		to err, commit an error, mistake
hayal		to imagine
hayret	(şaşmak)	to be amazed, astonished
hazmetmek		to digest
hazzetmek	(hoşlanmak)	to like, to enjoy
heba		to waste, spoil
hediye		to make a gift
hesab		to calculate, reckon, plan, think out
hicret	(göç etmek)	to migrate
hicvetmek	(taşlamak)	to satirize
himaye		to protect, defend, favor
himmet		to support, do a favor, intercede
hissetmek	(duymak)	to feel, sense, perceive, notice
hitab		to address someone
hizmet		to serve
hücum	(saldırmak)	to attack, assault, charge
hükmetmek		to rule, dominate, command, assume
hürmet	(saygı duymak)	to respect, esteem, revere
ıskat		to eliminate, discharge, dismiss
ıslah		to reform, improve
ısrar		to insist, persist
ibadet		to worship
ibka		to preserve, retain, reinstate
ibra		to absolve, discharge from obligations
icab	(gerekmek)	to be necessary
icabet		to accept an invitation, attend, accede to a request
icad		to invent, create
icbar	(zorlamak)	to compel, force

icra		to carry out, perform (music)
içtima	(toplanmak)	to gather, to meet, assemble
idam		to execute
idame	(sürdürmek)	to maintain, prolong, perpetuate
idare	(yönetmek)	to manage, direct, conduct, operate, govern, administer
iddia		to argue, claim, assert
idrak	(anlamak, algılamak)	to comprehend, perceive, attain
ifa		to fulfill, perform, render
ifade		to express, state
iflâs		to go bankrupt
ifsad		to spoil, corrupt, pollute
ifşa	(açıklamak)	to disclose, reveal, divulge
iftira		to slander
iğfal		to seduce, rape
ihale		to award a contract
ihanet		to betray
ihata		to surround
ihbar		to notify, warn, tell on
ihdas		to found, establish, initiate
ihmal		to neglect
ihrac		to export, expel, extract
ihsan		to grant, endow, bestow
ihtar	(uyarmak)	to warn
ihtimam		to take care
ihtiva	(kapsamak)	to contain
ihya		to enliven, make prosperous
ikame		to substitute
ikamet	(oturmak)	to reside
ikaz	(uyarmak)	to warn
ikmal	(tamamlamak)	to complete
ikna		to convince, persuade
ikrah	(iğrenmek)	to loathe, be disgusted
ikram		to treat someone to something nice, discount, offer something

ikrar		to confess, admit, declare
iktibas		to quote
iktifa	(yetmek, yetinmek)	to suffice, find sufficient
iktiza	(gerekmek)	to require, be necessary
ilân		to announce, declare, proclaim
ilâve	(eklemek)	to add, supplement
ilga		to abolish
ilhak		to annex
ilham		to inspire
iltica	(sığınmak)	to take refuge
iltifat		to pay a compliment, treat well
iltihak		to join
ima		to hint, allude
imal		to manufacture
iman	(inanmak)	to have faith, believe in
imar		to build, improve through public works
imha	(yok etmek)	to destroy, annihilate
imza		to sign
inad		to insist, be stubborn
infaz		to carry out
infilâk	(patlamak)	to explode
inhiraf	(sapmak)	to deviate
inhisar		to be restricted or confined to
inkâr	(yadsımak)	to deny, refute, repudiate
inkisar		to put a curse on someone
inkişaf	(gelişmek)	to develop
insaf		to act with fairness, show pity
inşa		to construct, build
intıbak		to adjust to
intihab	(seçmek)	to elect, select
intihar		to commit suicide
intikal		to be transferred, have a transition, comprehend, pass away

intisab		to join, become a member or adherent
intişar	(yayımlanmak)	to be disseminated or published
iptal		to cancel, nullify
irca	(indirgemek)	to reduce to
irşad		to guide, enlighten
irtikâb		to accept bribes, to commit a dishonest act, embezzle
isabet		to do the right thing
isbat or ispat		to prove
iskân		to settle people
isnad		to ascribe, impute
israf		to squander
istifa		to resign
istifade	(yararlanmak)	to benefit
istihdam		to employ
istihfaf		to scorn, mock, hold in low esteem
istihsal	(üretmek)	to produce
istihza	(alay etmek)	to mock, satirize, ridicule
istikraz		to borrow money, obtain credit
istilâ		to occupy, invade
istimal	(kullanmak)	to use, employ, utilize
istimlâk		to expropriate
istinad	(dayanmak)	to rely on, be based on
istinkâf	(çekimser kalmak)	to abstain
istintak	(sorguya çekmek)	to interrogate
istirahat	(dinlenmek)	to rest
istirham		to request, implore
istiskal		to slough off
istisna		to except
istişare		to consult
isyan	(başkaldırmak)	to rebel, riot, revolt
iş'ar		to communicate
işaret		to signal, mark, point out, indicate

işgal		to occupy
iştigal		to occupy oneself with
iştirak	(katılmak)	to participate, take part, join
itaat		to obey
ithaf	(adamak)	to dedicate
ithal		to import
itham		to accuse
itibar		to hold in high esteem
itimad	(güvenmek)	to trust
itina		to take meticulous care
itiraf		to confess
itiraz		to object
itiyad		to make a habit of
ittifak		to form alliance, have unanimity
iyi		to cure, heal, do the right thing
iyilik		to do a favor, do a charitable act
iz'ac		to annoy, disturb, bother
izafe		to attribute
izah	(anlatmak)	to explain
izale	(gidermek)	to remove, cause to disappear
izam		to exaggerate
izaz		to treat or entertain with respect
kabul		to accept, admit, agree
kahretmek		to oppress, crush, devastate
kahvaltı		to have breakfast or light snack
kanaat		to be satisfied with
kâr		to profit
kasdetmek		to mean, to intend, to have designs against
kat'etmek		to traverse
katletmek	(öldürmek)	to kill, murder, assassinate
kavga		to fight, quarrel

kaybetmek	(yitirmek)	to lose
kaydetmek		to enroll, register, record, note, take notice of
keder	(üzülmek)	to suffer from grief, be sorry
kefalet		to guarantee, vouch for, put up bail
kehanet		to predict, foretell, prophesy
kerem		to be kind enough to do something
keşfetmek		to discover, estimate, assess
keyfetmek		to enjoy oneself, have fun
kıraat	(okumak)	to read, recite
kıyas	(karşılaştırmak)	to compare, make an analogy
kifayet	(yetmek, elvermek)	to suffice
küfretmek		to swear, curse, cuss, blaspheme
lâf		to chat, gossip
lâğvetmek		to cancel, annul, abolish
lâkırdı		to chat, talk, gossip
lânet		to curse
leffetmek		to enclose, attach
mahcub		to embarrass
mahrum	(yoksun bırakmak)	to deprive
mahsub		to take into account, deduct
mahvetmek	(yok etmek, bozmak)	to destroy
mahzun	(üzmek)	to sadden
maletmek		to appropriate, claim as one's own
masraf		to spend money, to incur expense
massetmek		to absorb
mat		to checkmate, defeat, silence
memnun		to please
memur	(görevlendirmek)	to assign, to appoint
men'etmek	(yasak etmek)	to prevent, prohibit, forbid
merak		to be curious, interested, anxious

meram		to intend or resolve to do something
merhamet	(acımak)	to pity
methetmek	(övmek)	to praise
meyletmek	(eğilmek)	to incline, lean, have a liking
mezcetmek	(karıştırmak)	to mix, blend
minnet		to be under obligation for a favor
misafir		to have as a guest
muamele		to treat, to deal with, behave towards others
muayene		to examine, inspect, scrutinize
mubayaa	(satın almak)	to purchase
muhabbet		to have a friendly chat, be intimate
muhabere		to correspond, communicate
muhafaza	(korumak)	to guard, protect, conserve, preserve, maintain
muhakeme		to hear a case, reason, judge
muhalefet		to oppose
muharebe	(savaşmak)	to combat
muhasara	(kuşatmak)	to surround, besiege, blockade
mukabele		to reply, reciprocate, retort
mukavemet	(karşı koymak)	to resist
mukayese	(karşılaştırmak)	to compare
muvafakat	(onaylamak)	to consent
mübadele		to exchange, barter
mübalağa	(abartmak)	to exaggerate
mücadele		to struggle against
müdafaa	(savunmak)	to defend
müdahale		to interfere
müdavele		to circulate, exchange
mülâhaza		to consider, observe, reflect
mümanaat	(engel olmak)	to oppose, hinder, prevent
münakaşa	(tartışmak)	to argue, debate, discuss, dispute
müracaat	(başvurmak)	to apply

mürakabe	(denetlemek)	to supervise, control, inspect
mürur	(geçmek)	to pass
müsaade		to permit, allow
müsadere		to confiscate
müsamaha	(hoş görmek)	to be tolerant or lenient
müşahede	(gözlemde bulunmak)	to observe
müşavere	(danışmak)	to hold consultations
mütalâa		to observe, review, examine
müzakere	(görüşmek)	to discuss

nakletmek		to transport
nakşetmek		to picture, leave an imprint
nakzetmek		to annul, contradict, refute
nasihat	(öğüt vermek)	to advise
naz		to feign reluctance, play coy
nefret		to hate, detest
nefyetmek	(sürmek)	to banish, exile
neşretmek	(yayınlamak)	to publish, broadcast, disseminate
nezaret		to direct, oversee
niyet		to intend or resolve
not		to make a note
nüfuz		to penetrate, influence
nüksetmek		to recur (disease)

paket	to make a package, wrap up
pay	to divide, share out
paydos	to stop working, call it a day

rabtetmek	to bind, fasten
rağbet	to favor, take lively interest in
rahat	to be at ease, be comfortable, find relief
raks	to dance
reddetmek	to reject, refuse, repel, refute

refakat	to accompany
rekabet	to compete
riayet	to obey, conform, acquiesce
rica	to request
ric'at	to retreat
riyaset (başkanlık yapmak)	to preside
sabretmek	to be patient
sarfetmek (harcamak)	to spend, expend
sebat	to persevere, be tenacious
sebil	to spend lavishly, squander
sefa	to enjoy oneself, have pleasure
sefer	to go on a journey, campaign or cruise
selâm	to greet, send greetings
serdetmek	to put forth, expound
ses	to utter sounds, make noise, shout, call
seyahat (yolculuk yapmak)	to travel
seyretmek	to watch, cruise
sitem	to praise
sitem	to reproach
sohbet	to have a friendly and pleasant chat
sökün	to appear suddenly, crop up, come one after another
söz	to talk of, mention, gossip
suiistimal (kötüye kullanmak)	to misuse, abuse, misappropriate
sukut	to fall, drop, lapse
surat	to sulk, frown
sükût (susmak)	to be silent, keep quiet
sünnet	to circumcise
sürgün	to exile, banish
şefaat	to intercede
şehadet	to bear witness, give testimony

şikâyet	(yakınmak)	to complain
şükretmek		to thank, be grateful (to God)
şüphe	(kuşkulanmak)	to doubt, be suspicious
taahhüd		to undertake, guarantee
taallûk		to have a connection with
taarruz	(saldırmak)	to attack, assault
taayyün		to become manifest, be determined
tabasbus	(yaltaklanmak)	to fawn and flatter
tabetmek	(basmak)	to print
tabir		to express, name, designate, interpret dreams
taciz		to bother, disturb
tadad	(saymak)	to count, enumerate, itemize
tadil	(değiştirmek)	to modify, alter, amend
tafsil		to describe in detail
tahakkuk	(gerçekleşmek)	to prove true, become a reality
tahakküm		to oppress, dominate, tyrannize
tahammül		to bear, endure, put up with
tahammür		to ferment
taharri	(aramak)	to search, investigate
tahayyül		to imagine, fancy
tahdid	(kısıtlamak)	to limit, restrict
tahkik	(soruşturmak)	to investigate
tahkim		to fortify
tahkir		to insult
tahlil		to analyze
tahliye		to vacate, evacuate
tahmin		to estimate, guess, conjecture
tahrib	(yıkmak)	to ruin, destroy, devastate
tahrif		to change, falsify
tahrik	(kışkırtmak)	to provoke, incite, instigate
tahsil		to get an education, to collect taxes, receive payment
tahsis		to assign, appropriate
tahvil	(değiştirmek)	to convert, transform, alter

takallus	(büzülmek)	to shrink, shrivel
takas	(değiş tokuş)	to exchange
takaza		to taunt, reproach
takbih	(kınamak)	to disapprove, blame, censure
takdim	(sunmak)	to present, introduce
takdir		to appreciate, value, understand, assess
takdis		to bless, consecrate
takib	(izlemek)	to follow, pursue, follow up
taklid		to imitate
taksim	(bölmek)	to divide, share out, distribute
takviye		to strengthen, reinforce
talan		to plunder, sack, pillage
taleb		to ask for, demand
talik	(ertelemek)	to postpone
talim		to drill, practice
taltif		to pay compliments or tribute
tama or tamah		to covet, yield to temptation
tamim		to issue a written order
tamir	(onarmak)	to repair, fix, restore
tanzim	(düzenlemek)	to arrange, organize
tarassud		to watch, keep an eye on, scan
tarumar		to rout
tasallut	(saldırmak)	to molest, attack
tasarruf		to save or economize, possess, have control over
tasavvur		to imagine, conceive of
tasdik	(onaylamak)	to confirm, approve, ratify
tasfiye		to clean, purify, liquidate, eliminate
tashih	(düzeltmek)	to correct, rectify, adjust
tasnif		to classify, categorize, compile
tasvib		to approve
tasvir		to depict, describe, delineate
tatbik	(uygulamak)	to implement, apply, put into effect

tatil		to suspend, terminate, recess
tatmin		to satisfy, reassure, gratify
tavassut		to intervene, act as mediator, intercede
tavsif		to characterize, describe
tavsiye	(salık vermek)	to recommend
tavzif	(görevlendirmek)	to give a duty
tavzih		to clarify, explain
tayin	(atamak)	to appoint, designate, ascertain
tazmin		to indemnify
tazyik	(baskı yapmak)	to put pressure on, oppress
tebdil	(değiştirmek)	to modify, alter, change
teberru		to donate
tebessüm	(gülümsemek)	to smile
tebeyyün		to become clear, be proved
tebliğ	(bildirmek)	to communicate, declare
tebrik		to congratulate
tecavüz	(saldırmak)	to attack, transgress
tecdid		to renew
tecelli	(belirmek)	to emerge, become manifest
tecerrüd		to divest oneself, withdraw, isolate oneself
tecessüm		to take shape
techiz		to equip
tecil	(ertelemek)	to postpone, defer
tecrid	(ayırmak)	to separate, insulate
tecrübe	(denemek)	to try, experiment
tecviz		to declare lawful, permit
tecziye	(cezalandırmak)	to punish
tedarik	(sağlamak)	to obtain, procure, provide
tedavi		to cure
tedavül		to circulate, be current
tedirgin		to disturb, irritate, irk
tediye	(ödemek)	to pay

tedkik or tetkik (incelemek)	to research, examine, scrutinize
tedvir (yönetmek)	to manage, administer
teessüf	to be sorry for, have regrets
teessüs (kurulmak)	to be established
teeyyüd	to be confirmed
tefekkür (düşünmek)	to think, meditate
tefessüh	to decay, become corrupt
tefrik (ayırd etmek)	to separate, distinguish
tefriş (döşemek)	to furnish
tefsir (yorumlamak)	to interpret, comment on
teftiş	to inspect
tehacüm	to rush together, crowd
tehcir	to deport
tehdid	to threaten
tehir (ertelemek)	to postpone, defer, delay
tekabül	to correspond to, be counterpart of
tekâmül (gelişmek)	to make progress, develop further
tekdir	to scold, reprimand
tekeffül	to act as guarantor
tekemmül	to become perfect
tekid	to confirm
teklif (önermek)	to propose, offer, make a motion
tekrar	to repeat
teksir (çoğaltmak)	to increase, make copies
tekzib	to deny, refute
telâffuz	to pronounce
telâfi	to make up for, compensate for
telâş	to rush, hurry
telef	to waste, destroy, kill
telefon	to phone
telif	to write, compile, reconcile
tel'in (lânetlemek)	to condemn, put a curse on
telkin	to suggest
temadi (sürmek)	to continue

temas (değmek, değinmek)	to touch, touch upon, contact
temaşa	to watch
temayül (eğilmek)	to lean, incline towards, have a tendency
temayüz (sivrilmek)	to excel, become distinguished
tembih or tenbih	to warn
temdid (uzatmak)	to prolong, extend
temenna	to salute
temenni (dilemek)	to wish
temin (sağlamak)	to secure, procure, assure
temsil	to represent, present or perform a play
temyiz	to appeal a case
teneffüs (solumak)	to breathe
tenevvür (aydınlanmak)	to be enlightened
tenezzül	to deign, condescend, stoop low to gain something
tenkid (eleştirmek)	to criticize
tensib (uygun görmek)	to deem proper, approve
tensik	to reorganize, reform
tenvir (aydınlatmak)	to enlighten, illuminate
tenzih	to absolve, exonerate
tenzil (indirmek)	to lower, reduce, discount
terakki (ilerlemek)	to make progress, advance
teraküm (birikmek)	to accumulate
terbiye	to educate, train, teach manners
tercih (yeğlemek)	to prefer
tercüme (çevirmek)	to translate, interpret
tereddi	to deteriorate
tereddüd	to hesitate
terekküb (oluşmak)	to be composed of, consist of
terennüm (şarkı söylemek)	to sing
terettüb	to devolve, be incumbent upon
terfi	to be promoted
terhis	to discharge from armed services

terketmek	(bırakmak)	to leave, quit, abandon
tertib	(düzenlemek)	to arrange, organize
tesadüf	(rastlamak)	to meet by chance, come across, coincide
tesbit	(saptamak)	to establish, stabilize, fix, prove
tescil		to register, record
teselli		to console, comfort
teshil	(kolaylaştırmak)	to facilitate, expedite
teshir	(büyülemek)	to fascinate, enchant, bewitch
tesir	(etkilemek)	to effect, influence, affect
tesis	(kurmak)	to found, establish
teskin	(yatıştırmak)	to calm, pacify, assuage
teslim		to hand over, give up, surrender something, concede a point
tesviye		to level, equalize
teşbih	(benzetmek)	to liken, find a similarity or resemblance, draw an analogy
teşebbüs	(girişmek)	to start an enterprise, take an initiative, attempt, undertake
teşekkül	(oluşmak)	to be formed, be constituted
teşekkür		to thank
teşerrüf		to be honored
teşhir		to exhibit, display, expose
teşhis		to diagnose, identify, recognize
teşkil		to form, organize, constitute
teşmil		to extend coverage
teşrif		to honor by one's presence
teşrih		to dissect, examine minutely
teşvik		to encourage
teşyi	(geçirmek)	to see someone off
tetabuk		to correspond to, conform to, fit
tevali		to continue without interruption
tevcih	(yöneltmek)	to turn towards, confer
tevdi		to entrust, turn over, present
teveccüh		to favor, face, turn one's attention to

tevekkül		to put one's trust in God, resign to one's fate
tevellüd	(doğmak)	to be born
tevhid	(birleştirmek)	to unite, unify
tevil		to explain something away, change one's account
tevkif	(tutuklamak)	to arrest
tevlid	(doğurmak)	to cause, give rise to, bring about
tevsi	(genişletmek)	to expand, enlarge
tevsik		to document
tevzi	(dağıtmak)	to distribute
teyid	(doğrulamak)	to corroborate, confirm
tezahür	(belirmek)	to become manifest, appear
tezayüd	(artmak, çoğalmak)	to increase, multiply
tezekkür		to discuss, consider
tezyid	(arttırmak)	to augment, amplify, increase
tezyif		to deride, mock, scorn
tezyin	(süslemek)	to decorate, embellish, adorn
tımar		to groom
tıraş		to shave someone, cut someone's hair
toz		to raise the dust
tövbe		to repent, vow not to do something again
ümid	(ummak)	to hope, expect
vâdetmek	(söz vermek)	to promise
vakfetmek		to devote, dedicate, bequeath for charity
var		to create, give existence to
veda		to bid farewell
vefa		to be faithful
vehmetmek		to have a foreboding or illusion
vekâlet		to represent someone, serve as a substitute, deputy or stand-in

yâdetmek	(anmak)	to remember, recollect
yağma		to plunder, sack
yardım		to help, aid, assist
yasak		to forbid, prohibit
yemin	(and içmek)	to swear, take an oath
yok		to destroy totally

zahmet		to go to a lot of trouble
zannetmek	(sanmak)	to suppose, assume
zaptetmek		to seize, take possession of, grasp, take down in writing, conquer
zarar		to suffer loss
zayi	(yitirmek)	to lose
zemmetmek		to denigrate, speak against
zerketmek		to inject
zevketmek		to enjoy oneself, have fun
zikretmek		to mention, refer to
ziyan		to suffer loss
ziyaret		to visit
zulmetmek		to treat cruelly, brutalize

Followed by   görmek   (to see)

çok		to consider something to be too much, begrudge
hor		to look down on, scorn
hoş		to tolerate, overlook a fault
iş		to perform a duty, work, do a job
mazur		to excuse
rüya	(düş)	to dream

Followed by   olmak   (to be, become)

adam	to become a fine person, become a success

ait or aid		to belong, pertain to
ameliyat		to have an operation, undergo surgery
âşık		to fall in love
baliğ		to amount to
destek		to give support
emekli		to retire
emin		to be certain
engel		to prevent, hinder
gözkulak		to keep an eye on
hasta		to get sick
hayran		to admire
hazır		to get or be ready
ibaret		to consist of
kaybolmak		to be or get lost, disappear, vanish
lâzım	(gerekmek)	to be necessary
malik		to own, possess
mani	(engel)	to prevent, hinder
mecbur		to be forced to, to have to
meftun		to be infatuated with
mensub		to be connected with, belong to
mesud	(mutlu)	to be happy
meşgul		to be busy, to occupy oneself with
meşhur		to achieve fame
mevcud	(var)	to exist
mezun		to graduate
mucib		to cause, entail
muhtac	(gereksinmek)	to need
musallat		to pester
muvaffak	(başarmak)	to succeed
neden		to cause, bring about, give rise to
ortak		to participate in a venture, share, be a partner
peyda		to come into being, appear
pişman		to repent
razı		to agree to, consent

sahib		to own, possess, exercise control
sebeb	(neden)	to cause, bring about, give rise to
sulh		to come to an amicable agreement
teslim		to surrender, give oneself up
var		to exist
vâsıl	(varmak)	to arrive, reach
zayi		to be lost, perish

Followed by   vermek   (to give, grant)

can		to die
cevap	(yanıt)	to answer, reply
ceza		to punish, fine
haber		to inform, give news, announce
izin		to give permission, grant leave
nutuk		to give a speech
oy		to cast a ballot, vote
önem		to attach importance
selâm		to greet, salute

Followed by   yapmak   (to make, do)

banyo	to take a bath
büyü	to cast a spell, practice sorcery
gürültü	to make noise
resim	to paint, draw
şaka	to joke, make fun

Permutations

of the Past Tenses

      Turkish verbs have various permutations which express their past, distant past, narrative or doubtful past, or pluperfect forms. The further tense implications are conveyed by the past suffix -di and its variations or by the indefinite past suffix -miş and its variations. For example, the present progressive "yazıyor" means "he is writing"; the past progressive "yazıyordu" means "he was writing". "Yazıyormuş" signifies, with the addition of the indefinite or doubtful -muş suffix, "He is supposedly writing" or "He was or had been (presumably) writing." In many cases, the permutations convey subtle meanings of tense or action. It is therefore best for the student to consult a good reference grammar concerning this phenomenon.

      The paradigm below is based on only one verb - - yaşamak (meaning to live) - - conjugated in the affirmative:

Definite Past	Indefinite Past

Aorist/Present: (Past Aorist)

yaşardım	yaşarmışım
yaşardın	yaşarmışsın
yaşardı	yaşarmış
yaşardık	yaşarmışız
yaşardınız	yaşarmışsınız
yaşarlardı	yaşarlarmış
(alternative: yaşardılar)	(alternative: yaşarmışlar)

Present Progressive: (Past Progressive)

yaşıyordum	yaşıyormuşum
yaşıyordun	yaşıyormuşsun
yaşıyordu	yaşıyormuş
yaşıyorduk	yaşıyormuşuz
yaşıyordunuz	yaşıyormuşsunuz
yaşıyorlardı	yaşıyorlarmış
(alternative: yaşıyordular)	(alternative: yaşıyormuşlar)

Definite Past	Indefinite Past

Future: (Future Perfect)

yaşayacaktım	yaşayacakmışım
yaşayacaktın	yaşayacakmışsın
yaşayacaktı	yaşayacakmış
yaşayacaktık	yaşayacakmışız
yaşayacaktınız	yaşayacakmışsınız
yaşayacaklardı	yaşayacaklarmış
(alternative: yaşayacaktılar)	(alternative: yaşayacakmışlar)

Definite Past: (Past Perfect)

yaşadıydım	not functional although
yaşadıydın	the form exists
yaşadıydı	
yaşadıydık	
yaşadıydınız	
yaşadıydılar	

Alternative conjugation:

yaşadımdı
yaşadındı
yaşadıydı

yaşadıktı
yaşadınızdı
yaşadılardı

Indefinite Past: (Past Perfect)   (Doubtful Distant Past)

yaşamıştım	yaşamışmışım
yaşamıştın	yaşamışmışsın
yaşamıştı	yaşamışmış
yaşamıştık	yaşamışmışız
yaşamıştınız	yaşamışmışsınız
yaşamışlardı	yaşamışlarmış
(alternative: yaşamıştılar)	(alternative: yaşamışmışlar)

Necessity: (Past Necessitative)

yaşamalıydım	yaşamalıymışım
yaşamalıydın	yaşamalıymışsın
yaşamalıydı	yaşamalıymış
yaşamalıydık	yaşamalıymışız
yaşamalıydınız	yaşamalıymışsınız
yaşamalılardı	yaşamalılarmış
(alternative: yaşamalıydılar)	(alternative: yaşamalıymışlar)

232

Definite Past	Indefinite Past

Optative (Subjunctive):   (Past Subjunctive)

yaşayaydım	yaşayaymışım
yaşayaydın	yaşayaymışsın
yaşayaydı	yaşayaymış
yaşayaydık	yaşayaymışız
yaşayaydınız	yaşayaymışsınız
yaşayaydılar	yaşayaymışlar
(alternative: yaşayalardı)	(alternative: yasayalarmış)

Conditional: (Past Conditional)

yaşasaydım	yaşasaymışım
yaşasaydın	yaşasaymışsın
yaşasaydı	yaşasaymış
yaşasaydık	yaşasaymışız
yaşasaydınız	yaşasaymışsınız
yaşasaydılar	yaşasaymışlar
(alternative: yaşasalardı)	(alternative: yaşasalarmış)

Imperative: (Past Imperative or Past Optative)

———	———
———	———
yaşasındı	yaşasınmış
———	———
———	———
yaşasındılar	yaşasınmışlar
(alternative: yaşasınlardı)	(alternative: yaşasınlarmış)

       The affirmative interrogative forms of the above are similar to the listing in the section entitled "Conjugation of Negative and Interrogative Forms", except for the addition of the past tense suffixes:

Aorist/Present:	(Past Aorist)	yaşar mıydım? etc.
		yaşar mıymışım? etc.
Present Progressive:	(Past Progressive)	yaşıyor muydum? etc.
		yaşıyor muymuşum? etc.

| Future: | (Future Perfect) | yaşayacak mıydım? etc. |
| | | yaşayacak mıymışım? etc. |

Definite Past: (Past Perfect)   yaşadım mıydı? etc.

                           alternative: yaşadı mıydım? etc.

Indefinite Past: (Past Perfect)   (Doubtful Distant Past)

                                       yaşamış mıydım? etc.

Necessity: (Past Necessitative)   yaşamalı mıydın? etc.

                                       yaşamalı mıymışım? etc.

Optative (Subjunctive):   (Past Subjunctive)   Seldom used

Conditional: (Past Conditional)   yaşasa mıydım? etc.

                                       yaşasa mıymışım? etc.

        The negative forms of the past tense permutations appear below:

| Definite Past | Indefinite Past |

Aorist/Present: (Past Aorist)

Definite Past	Indefinite Past
yaşamazdım	yaşamazmışım
yaşamazdın	yaşamazmışsın
yaşamazdı	yaşamazmış
yaşamazdık	yaşamazmışız
yaşamazdınız	yaşamazmışsınız
yaşamazlardı	yaşamazlarmış
(alternative: yaşamazdılar)	(alternative: yaşamazmışlar)

Present Progressive: (Past Progressive)

Definite Past	Indefinite Past
yaşamıyordum	yaşamıyormuşum
yaşamıyordun	yaşamıyormuşsun
yaşamıyordu	yaşamıyormuş
yaşamıyorduk	yaşamıyormuşuz
yaşamıyordunuz	yaşamıyormuşsunuz
yaşamıyorlardı	yaşamıyorlarmış
(alternative: yaşamıyordular)	(alternative: yaşamıyormuşlar)

	Definite Past	Indefinite Past

Future: (Future Perfect)

yaşamayacaktım
yaşamayacaktın
yaşamayacaktı

yaşamayacaktık
yaşamayacaktınız
yaşamayacaklardı
(alternative: yaşamayacaktılar)

yaşamayacakmışım
yaşamayacakmışsın
yaşamayacakmış

yaşamayacakmışız
yaşamayacakmışsınız
yaşamayacaklarmış
(alternative: yaşamayacakmışlar)

> Note: The negative particle -ma could also be spelled as -mı. For instance, yaşamıyacaktım.

Definite Past: (Past Perfect)

yaşamadımdı
yaşamadındı
yaşamadıydı

yaşamadıktı
yaşamadınızdı
yaşamadıydılar
(alternative: yaşamadılardı)

yaşamamışım
yaşamamışsın
yaşamamış

yaşamamışız
yaşamamışsınız
yaşamamışlar

Indefinite Past: (Past Perfect)   (Doubtful Distant Past)

yaşamamıştım
yaşamamıştın
yaşamamıştı

yaşamamıştık
yaşamamıştınız
yaşamamışlardı
(alternative: yaşamamıştılar)

yaşamamışmışım
yaşamamışmışsın
yaşamamışmış

yaşamamışmışız
yaşamamışmışsınız
yaşamamışmışlar
(alternative: yaşamamışlarmış)

Necessity: (Past Necessitative)

yaşamamalıydım
yaşamamalıydın
yaşamamalıydı

yaşamamalıydık
yaşamamalıydınız
yaşamamalıydılar
(alternative: yaşamamalılardı)

yaşamamalıymışım
yaşamamalıymışsın
yaşamamalıymış

yaşamamalıymışız
yaşamamalıymışsınız
yaşamamalıymışlar
(alternative: yaşamamalılarmış)

Definite Past	Indefinite Past

Optative (Subjunctive):   (Past Subjunctive)

yaşamayaydım	yaşamayaymışım
yaşamayaydın	yaşamayaymışsın
yaşamayaydı	yaşamayaymış
yaşamayaydık	yaşamayaymışız
yaşamayaydınız	yaşamayaymışsınız
yaşamayaydılar	yaşamayaymışlar
(alternative: yaşamayalardı)	(alternative: yaşamayalarmış)

Conditional:

yaşamasaydım	yaşamasaymışım
yaşamasaydın	yaşamasaymışsın
yaşamasaydı	yaşamasaymış
yaşamasaydık	yaşamasaymışız
yaşamasaydınız	yaşamasaymışsınız
yaşamasaydılar	yaşamasaymışlar
(alternative: yaşamasalardı)	(alternative: yaşamasalarmış)

      The negative interrogative forms correspond to the patterns of conjugation of the affirmative interrogative.

Conditional Forms

Turkish has a full mood referred to as the "Conditional". In addition to signifying the conditional per se, it functions as an optative or subjunctive. The suffix -se or -sa may be attached to the other moods or tenses. Consequently, various combinations are formed, i.e., aorist conditional, future conditional, etc. For the basic meanings of such combinations, please consult a reference grammar.

The following is a list of conjugations with the conditional suffixes: seçmek (meaning to select or elect) conjugated only in the affirmative:

Aorist/Present:

seçersem
seçersen
seçerse

seçersek
seçerseniz
seçerseler
(alternative:
    seçerlerse)

Present Progressive:

seçiyorsam
seçiyorsan
seçiyorsa

seçiyorsak
seçiyorsanız
seçiyorsalar
(alternative:
    seçiyorlarsa)

Future:

seçeceksem
seçeceksen
seçecekse

seçeceksek
seçecekseniz
seçecekseler
(alternative:
    seçeceklerse)

Definite Past:

Definite Past:
seçtiysem
seçtiysen
seçtiyse

seçtiysek
seçtiyseniz
seçtiyseler

Alternative Conjugation:

seçtimse
seçtinse
seçtiyse

seçtikse
seçtinizse
seçtilerse

Indefinite Past:

seçmişsem
seçmişsen
seçmişse

seçmişsek
seçmişseniz
seçmişseler
(alternative:
    seçmişlerse)

Necessity:

seçmeliysem
seçmeliysen
seçmeliyse

seçmeliysek
seçmeliyseniz
seçmeliyseler
(alternative:
    seçmelilerse)

Note: There are no combinations of the
conditional suffix with the Optative
(Subjunctive), Conditional, or the
Imperative.

The negative forms of the above are as follows:

Aorist/Present:

seçmezsem
seçmezsen
seçmezse

seçmezsek
seçmezseniz
seçmezseler
(alternative:
    seçmezlerse)

Present Progressive:

seçmiyorsam
seçmiyorsan
seçmiyorsa

seçmiyorsak
seçmiyorsanız
seçmiyorsalar
(alternative:
    seçmiyorlarsa)

Future:

seçmeyeceksem
seçmeyeceksen
seçmeyecekse

seçmeyeceksek
seçmeyecekseniz
seçmeyecekseler
(alternative:
    seçmeyeceklerse)

Definite Past:

seçmediysem
seçmediysen
seçmediyse

seçmediysek
seçmediyseniz
seçmediyseler

Alternative Conjugation:

seçmedimse
seçmedinse
seçmediyse

seçmedikse
seçmedinizse
seçmedilerse

Indefinite Past:	Necessity:
seçmemişsem	seçmemeliysem
seçmemişsen	seçmemeliysen
seçmemişse	seçmemeliyse
seçmemişsek	seçmemeliysek
seçmemişseniz	seçmemeliyseniz
seçmemişseler	seçmemeliyseler
(alternative:	(alternative:
seçmemişlerse)	seçmemelilerse)

Turkish-English Verb Index

A

acıkmak	feel hungry
acımak	pity, feel compassion, have pain
açmak	open
ağlamak	weep
alışmak	get used to
almak	take, get, buy
anlamak	understand
anlatmak	tell, explain, relate
anmak	remember, commemorate
aramak	look for, search
asmak	hang
atlamak	jump
atmak	throw (away), eject, discharge
ayırmak	sever, separate

B

bağırmak	shout, scream
bağışlamak	forgive, pardon
bağlamak	tie, link
bakmak	look, take care of
basmak	step on, press
başarmak	succeed
başlamak	begin, start
beğenmek	like, appreciate
beklemek	wait (for), await, expect
benzemek	resemble, look like
bıkmak	get bored with, grow tired of

bırakmak	leave, quit, let go, allow
bilmek	know
binmek	ride, mount, embark, board
bitirmek	finish, complete, bring to an end
bitmek	come to an end, be finished, be exhausted, be fascinated by
bozmak	undo, break, change money, spoil
bölmek	separate, divide
bulmak	find, discover
büyümek	grow (up), increase

Ç

çağırmak	call (out), invite
çalışmak	work, study, try, strive
çalmak	knock (down), steal, play a musical instrument, ring a bell
çarpmak	collide with, strike against, multiply, bang
çekmek	pull, draw, withdraw, extract, suffer
çevirmek	turn something, send back, surround, translate
çıkarmak	take out, extract, expel, remove, subtract
çıkmak	go out, go up
çizmek	draw a line or a picture, cross out
çözmek	untie, unravel, solve

D

değişmek	change, become different, exchange, change clothes
demek	say
denemek	test, experiment, try, attempt
dilemek	wish (for)
dinlemek	listen, pay attention, obey
dinlenmek	rest, relax
doğmak	be born
dokunmak	touch, affect
dolaşmak	go around, take a walk, make a tour
dökmek	pour, shed, spill

dönmek	go round, circle, roll, swerve, return, change
dövmek	beat, thrash, pound
durmak	stop, stand
duymak	feel, sense, hear
düşmek	fall (down)
düşünmek	think, ponder, consider, be pensive

E

eğlenmek	have fun, enjoy oneself, make fun of
etmek	do, make

G

geçmek	pass, surpass, overtake
gelmek	come, arrive
getirmek	bring, fetch
gezmek	take a walk, make a tour, go on an outing
girmek	go in, enter
gitmek	go, go away
giymek	wear, put on
göçmek	migrate, die
gömmek	bury
göndermek	send
görmek	see, call upon, experience
görünmek	appear, seem, come in sight, seem like
görüşmek	meet, discuss, converse, have an interview
göstermek	show, demonstrate, indicate, point out
götürmek	take away, carry something to another place
gülmek	laugh

H

harcamak	spend, waste
hatırlamak	remember
hoşlanmak	like, enjoy, derive pleasure from

içmek	drink, smoke
inanmak	believe, trust, have faith
inmek	descend, dismount, disembark, decrease
istemek	want, require, need, desire, demand
işitmek	hear, overhear, learn of
itmek	push
izlemek	track, follow, attend, watch

K

kaçmak	flee, run away, escape
kalkmak	get up, stand up, set out, be removed, be annulled
kalmak	stay, remain, flunk
kapamak	shut, close, cover up
karışmak	be mingled, interfere, meddle, become confused
katmak	add to, contribute
kaymak	glide, slide, slip, ski, skate
kazanmak	win, gain, earn
kesmek	cut, sever, interrupt
kırmak	break, split, hurt someone's feelings
kızmak	get angry, get hot
kokmak	have a smell, stink, go bad
konuşmak	talk, converse, give a talk
kopmak	break off, snap
korkmak	be afraid, fear
korumak	protect, safeguard, defend
koşmak	run, rush
kovmak	drive away, discharge
koymak	put, place, set
kullanmak	use, drive (a car), take something habitually
kurmak	set up, establish, meditate, plan, brood over, wind (clock)
kurtarmak	save, rescue, redeem
kuşkulanmak	be suspicious
küsmek	be offended, sulk, stop being friends

O

okumak	read, study, get an education
olmak	be, exist, occur, happen, become, have, ripen
oturmak	sit, reside
oynamak	play, dance, gamble, act (in a play), move

Ö

ödemek	pay, remit
öğrenmek	learn, become informed
öksürmek	cough
ölçmek	measure, weigh
ölmek	die
önlemek	prevent, forestall
öpmek	kiss
örtmek	cover, hide
övmek	praise
özlemek	miss, be nostalgic, long for

P

parlamak	shine, glow, flare up, achieve success
pişirmek	cook or bake something

R

rastlamak	meet by chance, coincide, run into

S

saklamak	hide, keep secret, preserve, save for the future
sanmak	suppose, assume, think, imagine
sapmak	swerve, make a turn, deviate, go astray
sarmak	wrap (around), to wind, surround
satmak	sell
savaşmak	struggle, fight, battle
savunmak	defend, advocate

```
saymak      count, respect, deem
seçmek      choose, select, elect
selâmlamak    greet, salute
sevinmek     be pleased, glad, happy
sevmek      love, like
sezmek      perceive, sense, discern
sokmak      put in, insert, sting
sormak      ask, inquire
söylemek     speak, say, tell
sunmak      present, offer, submit, put forth
susamak      be thirsty
susmak      be silent, hush, keep quiet
sürmek      drive, banish, plow, rub or spread, last,
              continue
```

Ş

```
şaşmak      be surprised
```

T

```
takmak      affix, attach, put on, wear
tamamlamak    complete, finish
tanımak      recognize, know, be acquainted with
taramak      comb
tartışmak     argue, debate, dispute
tartmak      weigh
taşınmak     move from one residence or office to another
tatmak      taste
temizlemek    clean (up), clear away
terlemek     sweat, perspire
titremek     shake, tremble, vibrate
toplamak     collect, gather, add, convene, tidy up,
              put on weight
tutmak      hold (on to), take, catch, retain
```

U

```
uçmak      fly, evaporate, fade away, be wild (with joy)
```

uğramak	stop by, drop in, have an illness, accident or change, dash out
ummak	hope, expect
unutmak	forget, overlook
uyanmak	wake up
uygulamak	carry out, apply, implement
uymak	fit, suit, match, conform, comply, adapt oneself to
uyumak	sleep, be negligent
uzamak	stretch, extend, grow taller or longer, become tedious

Ü

üflemek	blow (out)
üretmek	produce, breed, raise
üşenmek	be too lazy to do something
üşümek	feel cold, shiver
üzülmek	be sad, sorry or worried

V

varmak	arrive, reach
vazgeçmek	give up, change one's mind or plans
vermek	give
vurmak	strike, hit, shoot, pound

Y

yağmak	rain, snow, pour down
yakalamak	catch, seize, apprehend
yaklaşmak	draw near, approach, approximate
yakmak	set on fire, scorch, burn something
yalvarmak	beg, implore
yanmak	burn, catch fire, be consume by fire or fever
yapmak	make, do, build, construct
yaşamak	live, live well
yaşlanmak	grow old
yatmak	lie down, lay, go to bed, become flat, lean

yazmak	write, register
yemek	eat
yıkamak	wash something
yıkmak	tear down, demolish, destroy, devastate
yırtmak	tear, rend, slit
yollamak	send
yorulmak	be tired
yönetmek	administer, govern, direct (play, film), manage
yürümek	walk, march, move
yüzmek	swim, float, flay

English-Turkish Verb Index

A

achieve   başarmak
achieve success   parlamak
accomplish   başarmak
acquainted with, be
act (in a play)   oynamak
adapt oneself to   uymak
add   toplamak
add to   katmak
administer   yönetmek
advocate   savunmak
affect   dokunmak
affix   takmak
afraid, be   korkmak
allow   bırakmak
appear   görünmek
apply   uygulamak
appreciate   beğenmek
apprehend   yakalamak
approach   yaklaşmak
approximate   yaklaşmak
argue   tartışmak
arrive   varmak, gelmek
ask   sormak
assume   sanmak
attach   takmak
attempt   denemek
attend   izlemek
await   beklemek

B

bake (something)   pişirmek
bang   çarpmak
banish   sürmek
be   olmak
beat   dövmek
become   olmak
beg   yalvarmak
begin   başlamak
believe   inanmak
blow (out)   üflemek
board   binmek
born, be   doğmak
break (off)   kırmak, bozmak
breed   üretmek
bring   getirmek
bring to an end   bitirmek
brood over   kurmak
build   yapmak
burn   yanmak
burn (something)   yakmak
bury   gömmek
buy   almak

C

call (out)   çağırmak
carry (something to another
   place)   götürmek
carry out   uygulamak

249

catch   tutmak, yakalamak
catch fire   yanmak
change   değişmek
change clothes   değişmek
change money   bozmak
change one's mind or plans
    vazgeçmek
choose   seçmek
clean (up)   temizlemek
clear (away)   temizlemek
circle   dönmek
close   kapamak
coincide   rastlamak
collect   toplamak
collide (with)   çarpmak
comb   taramak
come   gelmek
come in sight   görünmek
come to an end   bitmek
commemorate   anmak
complete   bitirmek, tamamlamak
comply   uymak
conform   uymak
confused, be   karışmak
consider   düşünmek
construct   yapmak
continue   sürmek
contribute   katmak
convene   toplamak
converse   konuşmak, görüşmek
cook (something)   pişirmek
cough   öksürmek
count   saymak
cover   örtmek
cross out   çizmek
cut   kesmek

D

dance   oynamak

debate   tartışmak
decrease   inmek
deem   saymak
defend   korumak, savunmak
demand   istemek
demolish   yıkmak
demonstrate   göstermek
descend   inmek
desire   istemek
destroy   yıkmak
devastate   yıkmak
deviate   sapmak
die   ölmek
direct (play, film)   yönetmek
discern   sezmek
discharge   kovmak, atmak
discover   bulmak
discuss   görüşmek
disembark   inmek
dismount   inmek
dispute   tartışmak
divide   bölmek
do   etmek, yapmak
draw   çekmek
draw a line or a picture
    çizmek
draw near   yaklaşmak
drink   içmek
drive a car   kullanmak, sürmek
drive away   kovmak
drop by   uğramak

E

earn   kazanmak
eat   yemek
eject   atmak
elect   seçmek
embark   binmek
enjoy   hoşlanmak

enjoy oneself   eğlenmek
enter   girmek
escape   kaçmak
establish   kurmak
evaporate   uçmak
exhausted, be   bitmek
exist   olmak
expect   beklemek, ummak
expel   çıkarmak
experiment   denemek
explain   anlatmak
extend   uzamak (uzatmak)
extract   çekmek, çıkarmak

F

fade away   uçmak
fall (down)   düşmek
fear   korkmak
feel   duymak
feel cold   üşümek
feel compassion   acımak
feel hungry   acıkmak
fetch   getirmek
fight   savaşmak (kavga etmek)
find   bulmak
finish   bitirmek, tamamlamak
finished, be   bitmek
fit   uymak
flay   yüzmek
flee   kaçmak
float   yüzmek
flunk   kalmak
fly   uçmak
follow   izlemek
forget   unutmak
forgive   bağışlamak

G

gain   kazanmak
gather   toplamak
get   almak
get angry   kızmak
get bored with   bıkmak
get hot   kızmak
get up   kalkmak
get used to   alışmak
give   vermek
give a talk   konuşmak
give up   vazgeçmek
glide   kaymak
glow   parlamak
go   gitmek
go around   dolaşmak
go astray   sapmak
go away   gitmek
go in   girmek
go on an outing   gezmek
go out   çıkmak
go round   dönmek
go to bed   yatmak
go up   çıkmak
govern   administer
greet   selâmlamak
grow (up)   büyümek
grow old   yaşlanmak
grow taller or longer   uzamak
grow tired of   bıkmak

H

hang   asmak
have   (sahib) olmak
have faith   inanmak

have fun   eğlenmek
have pain   acımak
have a smell   kokmak
happen   olmak
hear   duymak, işitmek
hide   saklamak (saklanmak)
hit   vurmak
hold (on to)   tutmak
hope   ummak
hurt someone's feelings
    kırmak
hush   susmak

I

imagine   sanmak
implement   uygulamak
implore   yalvarmak
increase   büyümek
indicate   göstermek
inquire   göstermek
insert   sokmak
interfere   karışmak
interrupt   kesmek
invite   çağırmak

J

jump   atlamak

K

keep quiet   susmak
keep secret   saklamak
kiss   öpmek
knock (down)   çalmak
know   bilmek, tanımak

L

last   sürmek

laugh   gülmek
lay   yatmak
lean   yatmak, yaslanmak
learn   öğrenmek
learn of   işitmek
leave   bırakmak
let go   bırakmak, koymak
lie down   yatmak
like   beğenmek, hoşlanmak,
    sevmek
link   bağlamak
listen   dinlemek
long for   özlemek
live   yaşamak
live well   yaşamak
long for   özlemek
look   bakmak
look for   aramak
look like   benzemek
love   sevmek

M

make   yapmak, etmek
make fun of   eğlenmek,
    alay etmek
make a tour   dolaşmak, gezmek
make a turn   dönmek
manage   yönetmek
march   yürümek
match   uymak
measure   ölçmek
meddle   karışmak
meet   görüşmek, toplanmak
meet by chance   rastlamak
migrate   göçmek
mingled, be   karışmak
miss   özlemek
mount   binmek

move (from one residence or office to another) taşınmak
multiply   çarpmak

N

need   istemek, gerekmek
nostalgic, be   özlemek

O

obey   dinlemek
occur   olmak
offended, be   küsmek
offer   sunmak
omit   çıkarmak
open   açmak
overhear   işitmek
overlook   unutmak
overtake   geçmek

P

pardon   bağışlamak
pass   geçmek
pay   ödemek
pay attention   dinlemek
pensive, be   düşünmek
perceive   sezmek, görmek
perspire   terlemek
pity   acımak
place   koymak
plan   kurmak, tasarlamak
play   oynamak
play a musical instrument   çalmak
pleased (glad, happy), be   sevinmek
plow   sürmek
point out   göstermek

ponder   düşünmek
pound   dövmek, vurmak
pour   dökmek
pour down   yağmak
praise   övmek
present   sunmak
preserve   saklamak
press   basmak
prevent   önlemek
produce   üretmek
protect   korumak
pull   çekmek
push   itmek
put   koymak
put forth   sunmak
put in   sokmak
put on   giymek, takmak
put on weight   toplamak

Q

quit   bırakmak

R

rain   yağmak
raise   üretmek, kaldırmak
reach   varmak
read   okumak
recognize   tanımak
redeem   kurtarmak
register   yazmak, kaydetmek
relate   anlatmak
relax   dinlenmek
remain   kalmak
remember   anmak, hatırlamak
remit   ödemek
remove   çıkarmak
rend   yırtmak

require istemek	send göndermek, yollamak
rescue kurtarmak	send back çevirmek
resemble benzemek	sense duymak, sezmek
reside oturmak	separate ayırmak, bölmek
respect saymak	set koymak
rest dinlenmek	set on fire yakmak
retain tutmak	set out kalkmak
return dönmek	set up kurmak
ride binmek	sever ayırmak, kesmek
ring a bell çalmak	shake titremek
ripen olmak	shed dökmek
rise kalkmak	shine parlamak
roll dönmek	shiver üşümek
rub sürmek	shoot vurmak
run koşmak	shout bağırmak
run away kaçmak	show göstermek
run into rastlamak	shut kapamak
rush koşmak	silent, be susmak
	sit oturmak
S	skate kaymak
	ski kaymak
sad (sorry, worried), be	sleep uyumak
üzülmek	slide kaymak
safeguard korumak	slip kaymak
salute selâmlamak	slit yırtmak
save kurtarmak	smoke içmek
save for the future saklamak	snap kopmak
say demek, söylemek	snow yağmak
scorch yakmak	solve çözmek
scream bağırmak	speak söylemek, konuşmak
search aramak	spend harcamak
see görmek	spill dökmek
seem görünmek	split kırmak, ayırmak
seem like benzemek	spoil bozmak
seize yakalamak	spread sürmek
select seçmek	stand durmak
sell satmak	stand up kalkmak

start	başlamak	tear down	yıkmak
stay	kalmak	tell	anlatmak, söylemek
steal	çalmak	test	denemek
step on	basmak	think	düşünmek, sanmak
sting	sokmak	thirsty, be	susamak
stink	kokmak	thrash	dövmek
stop	durmak	throw (away)	atmak
stop by	uğramak	tidy (up)	toplamak
stretch	uzamak (uzatmak)	tie	bağlamak
strike	vurmak	tired, be	yorulmak
strive	çalışmak	too lazy to do something, be
struggle	savaşmak	üşenmek
study	çalışmak, okumak	touch	dokunmak
submit	sunmak	track	izlemek
subtract	çıkarmak	translate	çevirmek
succeed	başarmak	tremble	titremek
suffer	çekmek	trust	inanmak, güvenmek
sulk	küsmek	try	çalışmak, denemek
suppose	sanmak	turn	dönmek
surpass	geçmek	turn something	çevirmek
surprised, be	şaşmak		
surround	sarmak		U
suspicious, be	kuşkulanmak		
swerve	dönmek, sapmak	understand	anlamak
swim	yüzmek	undo	bozmak
		unravel	çözmek
	T	untie	çözmek
		use	kullanmak
take	almak		
take a walk	dolaşmak, gezmek		V
take away	götürmek	vibrate	titremek
take care of	bakmak		
take out	çıkarmak		W
talk	konuşmak		
taste	tatmak	wait (for)	beklemek
tear	yırtmak	wake up	uyanmak

walk	yürümek	win	kazanmak
want	istemek	wind (a clock)	kurmak
wash (something)	yıkamak	wish (for)	dilemek
waste	harcamak	withdraw	çekmek
watch	izlemek	work	çalışmak
wear	giymek, takmak	wrap (around)	sarmak
weep	ağlamak	write	yazmak
weigh	ölçmek, tartmak		